The Social Skills Picture Book
for High School and Beyond

图说社交技能
（青少年及成人版）

［美］杰德·贝克（Jed Baker, Ph.D.）/ 著　陈烽 朴知雨 / 译

华夏出版社
HUAXIA PUBLISHING HOUSE

图书在版编目（CIP）数据

图说社交技能：青少年及成人版 /（美）杰德·贝克（Jed Baker）著；陈烽，朴知雨译. -- 北京：华夏出版社有限公司，2022.1（2024.3 重印）

书名原文：The Social Skills Picture Book：For High school and Beyond

ISBN 978-7-5222-0175-7

Ⅰ. ①图… Ⅱ. ①杰… ②陈… ③朴… Ⅲ. ①孤独症－心理交往－特殊教育－图解 Ⅳ. ①G766-64②C912.11-64

中国版本图书馆 CIP 数据核字（2021）第 178328 号

©2006 Jed Baker, PhD
Permission for this edition was arranged through Future Horizons.

©华夏出版社有限公司　未经许可，不得以任何方式使用本书全部及任何部分内容，违者必究。

北京市版权局著作权合同登记号：图字01-2021-3909号

图说社交技能（青少年及成人版）

作　　者	[美] 杰德·贝克
译　　者	陈　烽　朴知雨
责任编辑	薛永洁

出版发行	华夏出版社有限公司
经　　销	新华书店
印　　装	三河市万龙印装有限公司
版　　次	2022 年 1 月北京第 1 版
	2024 年 3 月北京第 2 次印刷
开　　本	787×1092　1/16 开
印　　张	13
字　　数	40 千字
定　　价	88.00 元

华夏出版社有限公司　地址：北京市东直门外香河园北里 4 号
邮编：100028
网址：www.hxph.com.cn
电话：（010）64663331（转）

若发现本版图书有印装质量问题，请与我社营销中心联系调换。

推荐序

在培智学校工作二十多年来，随着孤独症诊断的发展及社会对孤独症关注度的提高，我深感孤独症群体从少到多的数量增长，从典型到谱系的发展变化，从单一障碍到合并症的复杂多样。而孤独症孩子能力的千差万别，对特殊教育学校和普通学校都是一大挑战。孤独症孩子的社交沟通障碍和狭隘兴趣、重复刻板行为及感知觉异常，让他们的思考与行为方式与普通人的不一样，学习、生活都受到影响。我们的学生中，有和他人交流时距离很近，盯着对方一直看的；有和他人聊天时，直接说出对方脸上痣的数量的；有不管他人是否在忙，不能等待，一定要与其说话的；有在不同场合都大声说话的；有用重拍他人的方式打招呼的；有因为语言理解与表达的困难直接以攻击行为进行沟通的。他们的这些问题需要身边的人帮助他们认识并学习解决。因此，作为特教教师的我们及孩子的父母都特别需要得到一些专业的指导，让孤独症孩子能更好地融入社会，提高他们的生活品质。

华夏出版社寄给我《图说社交技能》（儿童版和青少年及成人版）这套书时，书名立刻吸引了我，因为它解决的是孤独症孩子的核心问题，"图说"二字更激发我读下去的兴趣。细细品味，原版书作者抓住了孤独症孩子的视觉学习优势，通过图文结合的视觉提示向他们呈现学习内容，简洁且易于理解，以这种视觉支持的方式帮助他们习得社交技能。全书所用照片都是真人实景，可以最大限度受用于孤独症群体。为了让学习者更好地泛化社交技能，书中提供了正例和反例，以对比的方式展现同一技能在不同情境下的应用。作者不仅介绍了社交技能的具体内容，也详细讲解了如何借助此书展开自学，这些建议都便于操作。书中针对每个社交技能的教学设计都有相对固定的模式，为教学者或孤独症群体自学提供了清晰的思路。更可贵的是，由于孤独症个体的差异性，作者提供了自制社交技能图画书的方法和注意事项，便于有需要的个体私人定制，如举例说明如何根据个体差异对社交技能进行任务分析。

对孤独症个体的干预会在其不同发展阶段遇到不同的问题，此书分为儿童版和青少年及成人版，其内容的侧重点有所不同。儿童版涵盖沟通技能、游戏技能、情绪管理技能，青少年及成人版涵盖非言语提示／身体语言、对话、发展和巩固友谊、学校和职场相关技能。尽管这两版讨论的社交技能有交叉，如都有针对"不要跟人挨得太近"的教学且核心技能的要求是一样的（保持一臂距离、不要靠得太近），但根据不同的年龄段，两版设置了不同的人物形象和情境，例如：儿童版中主人公是同性别的小朋友之间或者小朋友和老师之间，情境涉及玩耍时、打招呼时、排队时、讲话时；青少年及成人版里的情境多发生在异性同学之间，从青春期心理发展考虑，情境涉及午餐时、打招呼时、上课时、上洗手间时。

对于孤独症孩子，社交技能是需要教学且可以教学的，以视觉方式呈现社交技能可能比口头说教更具一致性，便于他们理解，避免焦虑，学会与他人更适当地沟通，提高独立性。此书图文结合，比较实用，易于家长及相关特教人员操作，适合所有在社交技能上需要提升的人。这本承载专业教学方法的书以深入浅出的方式让我们明白如何在了解孤独症人士的基础上教导他们掌握社交技能，支持他们与我们更好地相融。

俞林亚
杭州市杨绫子学校

致　　谢

　　感谢所有参与此书照片拍摄的学生及其家庭，感谢他们的努力付出和无私奉献。感谢新泽西州米尔本学区，授权我进入辖区学校进行拍摄工作，感谢他们如此高瞻远瞩，聘请社交技能咨询师为这些学校开设社交技能培训项目。

　　感谢本书编辑凯利·吉尔平（Kelly Gilpin），感谢她独具慧眼，能够将这些照片结集成书并最终出版。

　　感谢我的家人，感谢他们对我的包容，当他们需要我的陪伴时，我却一直坐在电脑前工作。感谢他们义务出镜，分文不取。

前言

2001年，我的第一本社交技能图画书出版之后，收到了很多谱系孩子的家长以及专业教师的电话、邮件，他们告诉我说他们的孩子和学生非常喜欢这本书，他们觉得通过照片进行学习这个方式很有意思。凭我以往与谱系孩子一起学习工作的经验来看，这种反馈其实早在我的意料之中。后来我又陆续收到很多电话、邮件，询问我能否再出一本专门针对大一点谱系孩子的社交技能图画书。

家长们说虽然自己家的大孩子挺喜欢看第一本书里的照片的，但是因为出镜的大多是十岁以下的孩子，所以大孩子其实比较难以联系到自己身上，从而产生共鸣。于是，我开始酝酿策划一本专门写给大一点的谱系孩子（如高中以上的学生）的书。本书里面的社交情境更为复杂，但都是学生们生活中常见的，如和同学闹矛盾、与异性约会，还有学校生活和职场生活等方面的内容。

我真心希望您和孩子能喜欢这本书，甚至有兴趣制作属于自己的社交技能图画书。因为社交课程要做得有趣，才能提高孩子们的社交积极性。如果您想了解更多专为高中生设计的社交技能课程资源以及建议，推荐阅读2005年出版的《为生活做准备：孤独症谱系障碍人士成年转衔完全指南》（*Preparing for Life: The Complete Guide to Transitioning to Adulthood for those with Autism and Asperger's Syndrome*）这本书。该书包括七十多个社交技能课程资源，其中有些社交技能在本书中也可以找到。

目录

第一部分

孤独症谱系障碍以及视觉支持的重要性 ······ 3
    阿斯伯格综合征和孤独症谱系障碍 ··············· 3
    视觉支持在孤独症谱系障碍人士教学中的重要性 ········ 6

社交技能图画书介绍 ······················· 7
    这套书是什么样的 ······················· 7
    社交技能图画书适用对象 ··················· 7
    如何使用这套图画书 ······················ 8
    入门指导 ···························· 8
    是否应该让学生了解不当行为是什么样的 ········· 8
    角色扮演 ···························· 8
    复习纠错 ···························· 9
    如何制作自己的社交技能图画书 ·············· 9

泛化使用所学技能 ························ 12
    事先准备 ··························· 13
    创造机会 ··························· 13
    事后复盘 ··························· 14

参考文献 ····························· 15

第二部分

非言语提示 / 身体语言 ···················· 19
    如何分辨别人对我是否欢迎 ················· 21
    如何判断应该何时结束谈话 ················· 25

保持倾听的姿态 ………………………………… 29
不要跟人挨得太近 ……………………………… 33

对话 ………………………………………… 39
怎样与人打招呼 ………………………………… 41
想要插话怎么办 ………………………………… 46
上课的时候有话要说怎么办 …………………… 50
要打断别人工作怎么办 ………………………… 55
怎样跟认识的人开始聊天 ……………………… 60
怎样认识新朋友 ………………………………… 72
开玩笑要分清场合、适可而止 ………………… 84
如何结束对话 …………………………………… 88

发展和巩固友谊 ………………………… 95
不能霸占朋友 …………………………………… 97
避免敏感话题，不要侮辱或者冒犯他人 ……… 101
表达共情与同理 ………………………………… 107

别当"国际警察" ………………………………… 116
如何表达自己的情绪感受 ……………………… 121
如何提出批评意见 ……………………………… 127
如何解决矛盾冲突 ……………………………… 130
遭到戏弄嘲笑怎么办 …………………………… 136
如何约会异性 …………………………………… 142

学校和职场相关技能 …………………… 151
害怕尝试新事物怎么办 ………………………… 153
怎样克服困难 …………………………………… 160
遭到拒绝怎么办，学会等待 …………………… 167
失误犯错怎么办 ………………………………… 173
如何与人共事，学会和人协商 ………………… 178
如何准备面试 …………………………………… 185

译后记 ……………………………………… 197

第一部分

孤独症谱系障碍以及视觉支持的重要性

社交技能图画书介绍

泛化使用所学技能

参考文献

孤独症谱系障碍以及视觉支持的重要性

阿斯伯格综合征和孤独症谱系障碍

孤独症谱系障碍包括一系列症状，影响个体在感觉、认知、运动、语言以及社会情感等方面的发育发展。阿斯伯格综合征、孤独症以及其他未明确归类的广泛性发育障碍，这些统称为孤独症谱系障碍。

之所以称之为谱系，是因为有孤独症谱系障碍的人群，其特点表现各不相同。就智商来说，有些谱系人士的智商不太高，但有些又很高。阿斯伯格综合征和高功能孤独症，顾名思义，指的是智商处于平均水平或者超出平均水平、掌握一定沟通技能的谱系人群，而"典型"孤独症，指的是智商低于平均水平、沟通比较困难的谱系人群。如果表现出谱系症状，但又不完全符合孤独症或者阿斯伯格综合征的诊断标准，一般就会划为未明确归类的广泛性发育障碍。其实很多谱系人群都属于这种情况，也就是说，虽然可以确诊他们属于孤独症谱系障碍，但是就现有的诊断程序而言，还无法精准判断他们究竟属于谱系中的哪一种类型。

根据美国精神病学会（American Psychiatric Association，APA）1994年发布的诊断标准[①]，孤独症谱系障碍主要包括以下三个方面的障碍：

（1）社交互动障碍（如不会发起互动、不能回应他人互动、无法建立同伴关系）；

（2）言语和非言语沟通障碍（如不会沟通、不能发起或者持续对话交谈）；

（3）重复、刻板和仪式化的行为、兴趣以及活动方式（例如，极度沉迷于某种行为模式或者兴趣爱好，或者固执坚持某种没有实际意义的程序或者仪式）。

社交互动方面的障碍包括难以主动发起对话或者回应他人；不会使用或者回应非言语手势（如用手指物）；不能进行或者缺乏持续的目光接触；不会对他人的情感做出回应；难以与同伴合作，因而导致无法发展同伴关系，等等。对于谱系人群来说，核

---

① 编注：《精神障碍诊断与统计手册（第5版）》（DSM-5）（APA, 2013）将三大特征改为两大特征，即将社交互动与沟通的缺陷归为同一大类，而重复、刻板行为仍作为另一大类。

心困难就是搞不清楚在社交场合应该怎么做、怎么说。

所谓沟通障碍，既包括不能进行正常沟通、不能使用语言，也包括不那么明显的困难，例如，跟不上对话交谈和社交沟通的节奏（属于语用方面的困难）。有些典型的孤独症谱系障碍人群可能无法理解语义，几乎没有自发的语言沟通行为。相比而言，高功能孤独症和阿斯伯格综合征人群的语言可能掌握得相当不错，能够表达自己的想法，能够理解他人的表达，但是却跟不上社交对话的节奏，与其说他们在与人对话，不如说是在对人说话，还有的人在对话中不会根据对方的反应做出回应，而只是复述一些事实性内容或者从电影电视节目中看来的只言片语。也就是说，阿斯伯格综合征人群的词汇量虽然可能很大，但是在社交场合却很难自如使用这些词汇进行对话。高功能孤独症人群，和语言障碍人士类似，可能难以理解抽象语言，只能理解字面意思。例如，老师说"可别露马脚啊"，孤独症孩子听了以后可能就会真的去看有没有马的脚。另外，如果对话的同时还有其他视觉和听觉信息干扰的话，他们也很难同时处理所有信息。因此，向他们解释复杂情况或者材料的时候，单凭语言可能不容易奏效，最好加上一些具体的视觉提示，有助于他们理解语言信息（Quill, 1995）。

出现重复、刻板以及仪式化行为，主要是因为谱系人群在兴趣爱好、生活规律以及行为动作方面不太喜欢变化。很多谱系儿童会极度沉迷于某种特别的兴趣，无法自拔，因而排斥学习新东西、探索新领域。例如，我认识的一个孩子，对吸尘器迷得如醉如痴，其他话题一概不理。很多谱系人士还会坚持履行一些没有实际意义的行为模式或者程序，看起来好像迷信一样。例如，我曾经有一个个案，他去卫生间之前，必须把房间里挂着的所有画都弄歪才行。还有一些孤独症孩子，虽然没有上述这种行为模式或者程序，但也是希望保持某种生活规律一成不变，一旦出现意外或者变动，他们就会感到非常焦虑不安。小龄孤独症孩子还会表现为语言刻板，如反复重复某个词，或者动作刻板，如反复用手做扇风的动作、摇晃身体或者原地转圈。

因为在社交场合适应困难、不善沟通，不能随机应变，对于孤独症谱系障碍孩子来说，紧张、压迫、挫败、焦虑的感受几乎是如影随形、无处不在（Kim, Szatmari, Bryson, Streiner 和 Wilson, 2000; Myles 和 Southwick, 1999）。想要与人互动却不知道应该如何开始，面对困难时却听不懂老师的要求和指令，听到周围同学在哈哈大笑，却不知道是不是在笑话自己，所有这些让人紧张的遭遇，对于谱系孩子来说，都是家常便饭。

需要指出的是，同为谱系人群，面对上述压力的时候，他们的情绪反应却各不相同。有些谱系孩子看起来好像很少有情绪低落的时候，但极有可能是因为他们面对压力时出现了社交退缩，或者只是我们没有发现而已。还有一些孩子会表现为焦虑障碍（如强迫障碍、社交恐惧或者惊恐障碍）。也有些孩子会表现得挫败沮丧，或者冲动易怒，又或者经常大哭大闹。这些孩子大多数都是同时确诊为注意力缺陷障碍或者情绪障碍（如双相障碍）。尽管这些孩子在面对压力时的表现和应对方式各不相同，但是让他们备感压力的原因基本都是相似的。

虽然他们的症状表现千差万别，智力水平也不尽相同，但是很多研究表明，同为谱系障碍人士，他们的核心问题其实是一样的。在这些研究中，有三个理论尤为引人注目，而且可能互相关联：

- 弗里斯（Frith, 1989）提出，社交情境中，各种各样的语言、社交以及情感信息常常同时出现、彼此交织，而谱系障碍人士很难将这些信息整合起来。他们的神经系统存在异常，因此很难把所需要的相关信息一一梳理清楚，综合加工成一个整体。而在大多数社交情境中，感官输入信息都是多层面、多渠道的，因此，谱系障碍人士常常无法获取全部有用信息，也就很难理解周围发生了什么或者不懂应该如何回应。所以，他们获得的社交经验可能只是碎片信息，而在此基础上做出的处理和反应，就导致了刻板和异常的社交行为。

- 巴伦－科恩（Baron-Cohen, 1995）指出，谱系人士的核心问题是很难解读他人的想法和感受，这种能力被称为"心智解读能力"（theory of mind，也译为"心智理论""心理理论"）。因此，谱系人士很难换位思考。

- 霍布森（Hobson, 1996）认为，孤独症谱系障碍人士很难理解和体会他人的情感表达。这就导致他们很难换位思考，所以才引发了社交互动中的一系列问题。

上述三个理论其实是互为补充、相辅相成的。巴伦－科恩和霍布森的理论都认为谱系人士很难与他人共情，也很难理解他人的角度。而弗里斯的理论则解释了个中原因：不能同时整合某一社交情境中的所有信息，所以就很难想象别人是怎么想的或者什么感觉。想要进行换位思考，必须要综合考虑很多因素（例如，对方的经历、立场以及个人偏好），还必须结合眼下发生的事情和情境。

其实，大部分社交技能都取决于换位思考的能力。例如，我们知道跟别人碰面应该说声"你好"或者"嗨"，这是因为我们知道如果对他们视而不见、置若罔闻的话，他们可能会不开心。如果能够换位思考，我们很自然就能明白什么时候应该结束谈话，什么时候应该轮流等待，什么时候应该做出回应，什么时候应该见好就收，什么时候应该伸出援手，什么时候应该无私分享。但是，对于谱系人士来说，这些社交技能并不是与生俱来的，想要帮助他们掌握这些技能，就必须事无巨细、不厌其烦地去教。而这正是我写作本书的原因，那就是把上述这些社交技能进行分解，详细地示范在各种社交情境中应该怎么做、怎么说，并解释其中原因。

视觉支持在孤独症谱系障碍人士教学中的重要性

前文已经阐明，孤独症谱系障碍人士常常很难处理语言信息，主要分为以下三种情形：（1）典型的孤独症人群很难理解语言信息；（2）高功能孤独症人群很难理解抽象语言；（3）大多数谱系人群很难排除其他视觉和听觉信息干扰，专注语言信息。而使用视觉支持，有利于他们集中注意力，并且有助于理解语言信息。

利用视觉支持帮助孤独症谱系障碍人士理解，之前也有文献记载过（例如，Quill, 1995）。即便是没有障碍的学生，很多也能受益于视觉支持，因为视觉支持可以对语言信息做出解释和补充。视觉支持有三个优势：（1）能够把抽象的语言信息具体化；（2）能够一直保留，不像听觉信息那样转瞬即逝，一旦走神儿就会错过；（3）更能吸引注意力。

社交技能图画书主要描述如何使用视觉支持来帮助谱系人士学习社交技能。当然了，普通学生也可以从中受益，不过这套书对于那些有听觉或者语言处理障碍、很难理解抽象概念或者很难保持专注的学生特别有用，这其中就包括确诊为孤独症谱系障碍、注意力缺陷多动障碍以及有其他学习障碍的学生。

在社交技能教学方面，图片比传统的语言讲解要有优势。在图片中，我们可以突出刻画某些非言语社交线索，而这些线索，谱系人士在现实生活中往往无法下意识就分辨出来。例如，通过视觉支持，可以呈现表情、手势、眼神、体态等非言语信息，传达各种不同的情绪感受，而如果单靠语言，是很难把这些信息充分表达到位的。有句话说得好：一图胜千言。

社交技能图画书介绍

这套书是什么样的

社交技能图画书邀请教学对象的同龄人出镜拍照，一步步示范各种社交技能，书的形式类似系列漫画，但是使用的是真人照片，同时配有文字解释和对话框，用来表示图中人物所说的话以及该情境所涉及的社交技能。通过照片一步步解释这些技能，说明恰当的行为方式（有时也有不当的行为），配有文字解释在这种情境下应该怎么做。

前文曾经提到，社交技能图画书的创作初衷是为了弥补谱系人士的先天不足。这套书非常详细清楚地阐释了在不同的社交情境中应该说什么、做什么，而且通过图片形式，抽象概念变得形象化、具体化、持久化，既弥补了谱系人士在语言信息处理方面的不足，又解决了注意力缺陷带来的问题。

不过，图画书学习并不能代替技能练习。图画书只是帮助谱系人群开始学习社交技能的一个工具，学会这些技能之后，还要在实际的社交情境中进行练习。如果我们的目标是让学生在某种社交情境中使用某项社交技能，那么只有他在这个情境中能够熟练恰当地使用该项技能，这个目标才算最终达成。但是，在真正使用这些技能之前，学生必须明白应该怎么做。这套书就是用来帮助他们理解到底应该怎么做的。

一般来说，我们使用某项社交技能，是因为它能帮助我们达成某种预期结果。社交技能图画书能让读者看到：（1）使用某项技能能够达到想要的结果；（2）他人对这些社交行为的看法和感受。

社交技能图画书适用对象

适用于大多数普通学生，因为这套书有助于提高他们的专注程度，还能把抽象的社交技能分解为非常具体的步骤。而对于那些有听觉或者语言处理障碍、很难理解抽象概念或者很难保持专注的学生，这套书尤其适用。这其中就包括那些确诊为孤独症谱系障碍、注意力缺陷多动障碍以及有其他学习障碍的学生。

如何使用这套图画书

使用这套图画书，包括以下几个阶段：（1）入门指导；（2）角色扮演；（3）复习纠错；（4）泛化技能。前三个阶段可以反复进行，也就是说，完成第三阶段之后，可以回到第一阶段重新开始。这三个阶段的学习，与格登斯坦（Goldstein）及其同事在"技能教学流程"中所描述的"结构化教学"非常相似（McGinnis 和 Goldsteinnm, 1997）。结构化教学包含四个部分：给出指令（分步骤解释该项技能）、进行示范、角色扮演及问题反馈、泛化练习。所不同的是，在这里，是通过社交技能图画书给出指令、进行示范的。这样一来，教学过程中就不必过分依赖语言指令和教师示范。

入门指导

在这个阶段，由教师领读或者学生自己反复阅读这些技能步骤。教师可以给学生展示书里的图片，按顺序解释这些技能步骤，说明图片中的人物在做什么、怎么想的、有什么感受。针对某项技能，教师可以带领学生反复学习所有分解步骤，请学生回答图片中发生了什么。可以这样提问：这张图片里他们在做什么啊？第一步要怎么做呢？他有什么感觉？他说什么了？后来怎么样了？对于因能力所限无法回答这些问题的学生，可以请他们完成这些步骤（例如，学到目光接触的时候，问他们"目光接触第一步应该怎么做？"；"给我看看他们在哪儿停下来等的啊"；"这样表示'不好意思、劳驾'合不合适"等）。

是否应该让学生了解不当行为是什么样的

由教师自己决定，可以不解释也不示范，而将教学重点放在学会恰当行为上。看书的时候也可以把那些不当行为的图片遮起来，因为有些孩子看了这些以后会觉得特别好玩，之后就会不断地模仿取乐，这就有可能产生不良后果。不过，另一方面，让学生适当了解哪些是不当行为也有两个好处：（1）同时演示恰当行为和不当行为，可能有助于学生更好地理解某些技能；（2）有些学生可能不愿意进行角色扮演，但如果让他们先表演一下不当行为，他们可能就比较愿意尝试一下，因为这样的话他们就不用担心自己犯错了。

当然了，这一切的前提是教师要对自己的学生有充分的了解。如果有些学生是以故意犯错来获取他人注意的话，那就不适合请他们来表演那些不当行为。

角色扮演

在练习阶段，教师请学生按顺序演练这些技能步骤。先让他们按书中示范进行演练，演练每个步骤时都给学生进行提示。这个阶段，最好是安排两位教师，或者一位教师、两名学生。这样的话，教师就不必直接参与角色扮演，而是全程专注于"教练"的角色，在学生和其他人配合演练这些技能的过程中提供辅助或者提示。

刚开始的时候，可以先照搬书中的社交情境，之后慢慢做出一些变化，模拟学生实际生活中最适用的情境。

复习纠错

每次角色扮演之后，教师都给出反馈，说明哪一步是合适的，哪一步是不合适的。反馈的时候，记住一定先扬后抑，先大力表扬那些做得合适的部分，针对做得不合适的部分，教师应尽量避免直接指出错误，而是给出正确的要求即可，例如，可以说"这一步，我觉得这样做会更好"。给出反馈的时候，可以翻开书里对应的那页给学生看，并再次示范恰当行为。不断反馈，直到学生能够正确演示该项技能为止。

这三个阶段——入门学习、角色扮演、纠错反馈，可以反复进行，直到学生无须辅助就能正确演示所有技能步骤为止。下一步，教学重点就是泛化使用该项技能了（下一章"泛化使用所学技能"）。

如何制作自己的社交技能图画书

本书有两大用途。第一，如前文所述，学生可以先通过图画书学会所有技能步骤，之后再进行角色扮演。无论是在家还是在学校，本书都可以用作学习和演练社交技能的理想工具。第二，可以让学生本人积极参与进来，制作自己的社交技能图画书，比如，可以自己出镜摆拍，也可以从网上或者其他书里收集相关图片。邀请学生参与制作自己的个性化社交技能图画书，好处多多。出镜摆拍的时候，学生有机会演练这些社交技能，因为亲身参与其中，他们会对如何使用这些技能留下极为深刻的印象。

而对于有些不愿意学习这些技能的学生，以"帮助其他同学"的名义邀请他们参与制作，有助于调动他们的积极性。比如，有学生会说："我才不用学这些玩意儿呢。"你就可以说："那你能不能帮我做本这样的书，用来教其他同学呢？"这种情况下，他们可能就会愿意学习这些技能，而不会感觉自己是个受助对象。

在制作个性化图画书的时候，需要考虑以下四点：

（1）想要教授的目标技能是什么？

（2）如何将该项技能进行任务分解？

（3）教学过程中，要向学习者重点强调的想法、观点或者感受是什么？

（4）怎样将这个图画书系统地整理出来？

家长、教师、学生本人可以根据具体的情况分析一下目前迫切需要学习的目标技能都有哪些，可以按照本书27项技能中任何一项的内容格式进行编写。另外，如果个案常常在某一特定情境下出现问题行为，那么也可以考虑是否需要安排学习本书未列出的其他技能。不管什么时候，只要个案出现不当行为，就要仔细分析一下，为什么会出现这种行为，个案通过该行为想要达到什么目的？这个分析过程，就是判断该行为的功能，术语称作"功能分析"（Durand, 1990）。一般来说，出现问题行为，其功能无外乎以下几种：逃避任务、获取注意、自我刺激、实物回报、因某些前提刺激而发泄情绪、意图报复。不管该问题行为的功能是什么，最重要的应对策略都是教会个案通过更为恰当的方式来达到自己的目的，即学会替代行为（技能）来实现问题行为的功能。而这个替代行为（技能）就可以作为社交技能图画书的教学内容。针对前面提到的行为功能，提供替代行为（技能）教学建议如下：

选定需要学习的目标技能，进行任务分析，将该技能分解成若干步骤。分解到多细，取决于个案的能力状况。不过，如果分解得过细，那么学起来可能就会比较烦琐。反过来，如果分解得不够细，那么学起来可能就比较困难。举个例子，您要帮助学生学会"如何称赞他人"这个技能，分解之后其中一个步骤是"夸

行为功能	不当行为	需要学习的替代行为（技能）
逃避任务	大哭大闹，行为或者语言暴力，拒绝配合	怎样克服困难，如何提出想要休息一下，如何争取更多时间，怎样求助，怎样克服对新事物的恐惧心理，失误犯错怎么办
获取注意	戏弄嘲笑他人，发出噪声干扰他人，不合时宜的玩笑或者评论，抱怨自己不舒服了、受伤害了	怎样发起对话，如何加入别人对话，怎样求助，开玩笑要分清场合、适可而止
自我刺激	摇晃身体，用手扇风，原地转圈	如何在尽量不干扰别人的前提下进行这些行为，学会其他放松方式或者平复方法
实物回报	想要得到某种东西或者特权，不给就大哭大闹；不给奖励就不合作	学会接受拒绝，学会等待，学会和人协商
迁怒他人	通过语言以及行为攻击不相干的人，拒听任何指令	学会识别自己生气的原因（例如，被骂了或者被训了），学会有理有据有节地争取或者维护自己的权益，学会如何解决矛盾冲突
意图报复	反唇相讥，反击他人，谁惹自己就偷谁东西	如何应对戏弄嘲笑，如何解决矛盾冲突，如何维护自己权益

别人长得好看"。有些学生可能明白什么样的话是"夸",而有些学生可能不明白,那就需要进一步分解。例如,我们可以示范一下,说"我喜欢……"这种话就叫"夸","你……(某些方面)真厉害。"这种话也是"夸"。示范之后,可以请学生"夸"一下。技能分解到多细为止,视学生的反应而定。如果学生没有学会,或者没能理解这些步骤,那么就需要进一步分解成更详细、更具体的步骤。

重点强调图片中的人物在想什么,这是本书必不可少的一个部分。学生越是清楚别人在想什么、有什么感受,就越有可能明白为什么要学会这项技能。我们希望示范给学生,让他明白学习这项技能对他自己有什么好处。让他明白这样做的话,对方会觉得高兴,从而就有可能给你你想要的东西或者愿意与你在一起。例如,在学习"遭到拒绝怎么办"这项技能的时候,图片示范的是对方先是拒绝了,你表示接受,对方可能感觉很好,之后没准儿就能给你你想要的东西。

整理成书的时候,可以有几种方式。首先,明确所有技能步骤和所需图片。之后邀请学生出镜摆拍,一步步演练所有技能步骤。您可以先为他们示范,之后再让他们自己来。即便学生不能完全理解该项技能,那也不用担心,因为在制作该书的过程中他们有机会不断学习强化。你还可以使用各种照片处理软件,制作自己的个性化社交技能图画书。或者,如果不是用数码相机拍照,也可以将照片冲洗出来粘在纸上。对话框和文字说明可以手写或者打印在彩纸上,粘到图片中。学生不仅可以出镜做示范,也可以做些剪贴和收集工作。实际上,可以把给这些技能排序的过程做成游戏,这也有助于学生进一步理解这些步骤的先后顺序。

最重要的是,整理成书的过程,不管有没有学生参与其中,都应该是令人愉快的。如果您自己很享受这个过程,那么在教学过程中就比较不容易因为学生的问题行为而感到怒火中烧,您的积极态度会让学生状态更好、教学效果更好。所以,请开心一点,打开脑洞吧。

泛化使用所学技能

泛化，指的是在非教学情境下，学生依然可以使用所学技能，并且不会随着时间的流逝淡忘。格瑞斯汉姆等人（Gresham et al., 2001）曾经概括了三项反映技能泛化程度的指数：技能了解程度、实际应用水平和使用熟练程度。技能了解程度，指的是个案是否明白这些技能步骤。要想实际应用这些技能，首先需要了解这些技能都有哪些步骤。实际应用水平，指的是在应该使用这些技能的场合，个案是否能够真正应用这些技能，并达到一定的频率。使用熟练程度，指的是个案是否能够准确而自然地应用这些技能。一般说来，熟练使用，意味着个案可以自然而然、毫不费力地运用该项技能，而不再需要"有意识地去回想这些技能步骤分别是什么"。

个案在泛化使用技能方面出现问题的时候，需要首先判断是哪个环节的问题，然后才能确定应对策略，解决这些问题。如果是技能了解程度不够，那么就需要继续学习技能课程。如果是实际应用水平不够，那么就需要提前做些准备（如提示或者辅助手段），还可以给予强化（如表扬、奖励等，自然后果的奖励或者事先约定的奖励都可以）。如果是使用熟练程度不够，那么就需要勤加练习、反复改进（Gresham et al., 2001）。

要想反复练习这些技能，以便达到非常熟练的程度，那就不能要求个案一次性泛化使用所有所学技能。就我个人经验而言，选择一到三项技能，几个月的时间里，每天反复学习、练习，个案才能达到泛化使用的程度。如果一次学太多，尽管他们也能学会这些技能概念，但是在一定时间内，能达到泛化使用程度的，也只有一到三项。格瑞斯汉姆等人（2001）指出，目前大部分文献都建议一个课程周期为 8 到 12 周，但在实际操作中，这个时间是不够的，还应该再密集一些、再频繁一点。先选中一到三项技能，每天在自然情境中反复练习，坚持几个月，才有可能达到泛化使用的效果。

学生了解了这些技能的概念之后，就可以帮助他们实际应用这些技能，并提高使用熟练程度，在这个过程中，可以使用以下三个办法：进入技能应用情境之前事先准备；尽量创造机会让个案在自然情境中应用这些技能（创造机会，指的是制造学习机会以便对学生进行辅导）；应用情境结束之后复盘整个应用过程。在自然情境中进行练习，这是关键，只有这样，个案才有可能在同样或者类似的情境中应用这些技能。

事先准备

事先准备，指的是在应用该项技能之前，给个案准备一些小提示，回想一下该项技能有哪些步骤。例如，入职面试之前，可以想想对方会问到哪些问题，应该如何回答。在学校里或者工作中要挑战一项难度比较大的任务之前，回想一下之前练过的"怎样克服困难"这项替代行为（技能）。这个事先准备可以是言语提示，也可以是类似图画书这种视觉工具。言语提示，可以是进入技能应用情境之前解释所需技能及其步骤。视觉工具，可以是提示卡、行为记录表或者社交技能图画书，用来描述或者示范这些技能步骤。

提示卡。如果学生愿意改进自己的行为，但却记不住这些技能步骤，这种情况下，提示卡或者社交技能图画书就是比较理想的辅助工具。一张小卡片上可以写下一到三项技能，之后塑封起来。进入技能应用情境之前，请家长、老师、就业辅导员提示或者学生本人复习这些技能步骤。当然，最理想的情况是临场之前看上一眼，但是很多时候这也不太现实。那么就可以选择每天早上在开始上课或者工作之前复习一遍，午餐时间再复习一遍，晚上再复习一遍，这样的话，学生每天至少有三次机会回忆起这些技能。在学习社交技能课程的几个月时间里，每天都进行这样的复习活动，让学生总是能记起需要学习掌握的技能，这样的话，需要真正应用这些技能的时候就无须他人特意提醒。

行为记录表。行为记录表与提示卡的使用方法一样。学生应用了某项技能，不必给予额外奖励。因为记录表本身就是一种提示，鼓励学生应用该项技能。记录表的约定使用时间到期以后（这个时候可以继续约定下一期使用时间），学生可以给自己打分，或者请老师、家长、就业辅导员进行打分。如果学生不愿意尝试使用新技能，缺乏内在积极性，这种情况下，行为记录表刚好可以作为一个奖励表。如果学生使用了目标技能，就可以获得相应奖励。这种情况下，自我监督机制可能不太奏效，需要请老师、家长或者工作主管来帮助进行监督。

创造机会

学生需要机会练习应用所学技能。有些时候，日常生活中有很多天然机会。例如，个案正在学习如何面对困难，那么其实这是他每天必然经历的事情，每天都有机会练习。但也有一些时候，练习机会是需要精心策划、努力争取的。例如，个案从来没有发起过对话，现在要练习每天给别人打一通电话，或者午餐时间加入别人并且发起一次对话。这个时候，可以考虑请学校工作人员给学生安排一次午餐会，学生们分组交流的时候，工作人员在其中为个案穿针引线、制造契机。否则，如果没有成年人的帮助，在那种大餐厅里，有些个案可能永远跟人聊不起来。

再比如，有的个案很难与人合作，那么每学期都有的小组活动策划就是一个天然的机会，让他练习"如何进行小组合作"这项技能。和其他小组唯一的区别就是，个案所在小组的学生事先接受过培训，知道应该如何配合、合作以便帮助个案。

对于正在学习职场技能的个案，应该创造机会让他们练习如何找到工作、如何做好工作，如果必要的话，还可以练习如何以恰当的方式提出离职。再没有比真刀真枪实战演习效果更好的了。在技能泛化方面出现的问题，可以分为三个方面：技能了解问题、实际应用问题和使用熟练问题，针对不同方面的问题，可以采取不同的解决方法，例如，回头重新学习、更有效地提示和辅助、提供奖励以提高积极性、勤加练习以提高熟练度等。

事后复盘

应用情境结束之后，应该和学生一起复盘整个过程，以便加深印象。如果个案使用了行为记录表，那就和他一起梳理为什么得到了（或没得到）奖励，以便巩固学习效果。如果没有使用记录表，那就口头复盘整个过程，或者也可以借助前面提到的提示卡来进行复盘。

需要注意的是，在复盘过程中，提到他们做错的部分，应该讲究方式方法，不要让他们觉得这是很丢人的事情。复盘过程应该是建设性的，所以应该尽量避免负面评价，可以遵循下面几个步骤：

1. 询问个案在当时的情境中都发生了什么，他都是怎么做的，碰到做得不恰当的部分，不要评论对错。

2. 和他一起分析在那种情境下，大家都是怎么想的、都有什么感受，讨论一下他那样做导致的后果。

3. 探讨一下在那种情境下还可以怎么做。

4. 最后，让他想想将来再碰到这种情境的话，怎么做可以处理得更好。注意措辞，尽量正面。在讨论的过程中，可以提出自己的建议，为的是"让他将来处理得更好"。

有的个案可能非常排斥这种讨论，因为这会让他觉得很丢脸。在这种情况下，最好不要再提及那些已经无法挽回的往事，而是着眼未来，把重点放在将来再出现类似情境的话，应该怎么办。耐心等等，等事情过去、等他平复下来，再说："我刚才是想跟你聊聊将来可能发生什么。"（注意不要提及那些不愉快的过去）。可以这样开头，"有的时候你可能会碰到这样的事……"接下来描述一个将来可能遇上的情境，说说他可能会怎么应对。通过这种方法，尽管在复盘的其实只是我们，但依然可以帮到个案，让他从中得到一些收获。因为从他的角度看，这不是"秋后算账"，只是为将来做个准备而已。

参考文献

Baker, J. E. (2001). *Social Skill Picture Book. Arlington*, TX: Future Horizons, Inc.

Baker, J. E. (2005). *Preparing for Life: The complete guide to transitioning to adulthood for those with Autism and Asperger's Syndrome*. Arlington, TX: Future Horizons, Inc.

Baron-Cohen, S. (1995). *Mindblindness*. Cambridge, MA: The MIT Press.

Durand, V.M. (1990). *Severe Behavior Problems: A functional communication training approach*. New York: Guilford Press.

Frith, U. (1989). *Autism: Explaining the enigma*. Oxford, England: Blackwell.

Gresham, F.M., Sugai, G., & Horner, R. H. (2001). "Interpreting outcomes of social skills training for students with high-incidence disabilities." *Exceptional Children*, 67, 331-344.

Hobson, R.P. (1996). *Autism and the Development of the Mind*. Mahwah, NJ: Lawrence Erlbaum Associates.

Kim, J. A., Szatmari, P., Bryson, S. E., Streiner, D. L., & Wilson, F. J. (2000). "The prevalence of anxiety and mood problems among children with autism and Asperger Syndrome." *Autism*, 4, 117-132.

Myles, B. S., & Southwick, J. (1999). *Asperger Syndrome and Difficult Moments: Practical solutions for tantrums, rage, and meltdowns*. Shawnee Mission, KS: Autism Asperger Publishing Company.

Quill, K. A. (Ed.) (1995), *Teaching Children with Autism*. Albany, NY: Delmar Publishing.

McGinnis, E. & Goldstein, A. (1997). *Skillstreaming the Elementary School Child: New strategies and perspectives for teaching prosocial skills*. Champaign, IL: Research Press.

第二部分

非言语提示 / 身体语言

对话

发展和巩固友谊

学校和职场相关技能

非言语提示 / 身体语言

- 如何分辨别人对我是否欢迎
- 如何判断应该何时结束谈话
- 保持倾听的姿态
- 不要跟人挨得太近

如何分辨别人对我是否欢迎

- 朋友走近的时候应该表现出欢迎的姿态。
- 等别人表现出欢迎的姿态再过去。
- 如果别人表示不欢迎,那就走开。

■ 朋友走近的时候应该表现出欢迎的姿态。

恰当的方式

他们都朝她转过身来并且挥手表示欢迎。

不恰当的方式

他们看向旁边，假装没有看到她。这让她感觉很不好，所以她不想和他们在一起了。

■ 等别人表现出欢迎的姿态再过去。

你怎么一直一个人待在那儿？来跟我们一块儿吧。

他不喜欢我们吗？

嗨。

嗨。

他们请他加入。

他就过去了。

■ 如果别人表示不欢迎，那就走开。

男生坐得太近了，女生觉得不太舒服。

所以他坐远了一点儿。

如何判断应该何时结束谈话

- 说话的时候，要注意观察对方是不是感兴趣。

- 如果对方表现得不是很感兴趣，就问一下他们还想不想听下去。

- 如果他们不想再听了，可以：

  不再说了。
  聊聊他们自己的事。

■ 说话的时候，要注意观察对方是不是感兴趣。

嗨，你猜我昨天做什么了？我去了神奇博物馆，那里有恐龙骨头……

恐龙有的是食肉的，有的是食草的。我觉得特别有意思。那里还有……

男生在说话，女生看起来很感兴趣。

■ 如果对方表现得不是很感兴趣，就问一下他们还想不想听下去。

恰当的方式

男生看出来女生有点不耐烦了，于是就问她还想不想听了。

不恰当的方式

男生没看出来女生有点不耐烦了，还在继续说。

■ 如果对方不想再听了，可以不再说了或者问问他们想聊点什么。

（那你都做什么了？）

（我过生日，所以逛街去了，我买了……）

恰当的方式

男生不再说了，开始让女生说。

（我得走了。）

（这些恐龙骨头很特别，是真的化石……）

不恰当的方式

男生没看出来女生有点不耐烦了，还继续说。女生不想待下去了。

保持倾听的姿态

- 面向对方，看着对方的眼睛。

- 手脚不要乱动。不要坐立不安的。

- 保持安静。在别人讲话的时候不要说话。

■ 和朋友说话的时候要表现出倾听的姿态。

恰当的方式

她们都面朝着他，看着他的眼睛，安安静静地听，没人插嘴。

不恰当的方式

她看别处了，没看他。

■ 上课的时候要表现出倾听的姿态。

恰当的方式

他们都面朝着老师，安安静静地坐着，没人插话。

不恰当的方式

他们没面向老师，有人还转过身去，老师讲课的时候他们还讲话。

■ 面试的时候要表现出倾听的姿态。

恰当的方式

女生在听面试官讲话。

不恰当的方式

女生没有看向面试官，看起来根本没在听人家说话。

不要跟人挨得太近

- 保持一臂左右的距离。
- 别离得太近了。

■ 午餐的时候不要跟人挨得太近。

嗨，你们好。

嗨。

哎，他靠得太近了！让我觉得不舒服。

恰当的方式

他跟别人保持了一定距离。

不恰当的方式

离得太近了。男生侵犯了别人的个人空间。

■ 在走廊跟人打招呼的时候不要挨得太近。

恰当的方式

他们保持了至少一臂的距离。

不恰当的方式

挨得太近了。男生紧跟着女生，让女生有点紧张。

■ 上课的时候不要跟人挨得太近。

恰当的方式

男生坐在自己这排，跟女生保持一定距离。

不恰当的方式

挨得太近了。男生侵犯了女生的个人空间。

（他让我感到不舒服了。）

■ 上卫生间的时候不要跟人挨得太近。

当你走进这个卫生间时，你会用哪个小便池？

■ 上卫生间的时候不要跟人挨得太近。

挨那么近干什么？有什么好看的？

恰当的方式

他用的是离旁人比较远的小便池。

不恰当的方式

挨得太近了。卫生间里还有空着的小便池，他却用了紧挨着人家的小便池，而且好像还朝人家的隐私部位那里看。

对话

- 怎样与人打招呼

- 想要插话怎么办

- 上课的时候有话要说怎么办

- 要打断别人工作怎么办

- 怎样跟认识的人开始聊天

- 怎样认识新朋友

- 开玩笑要分清场合、适可而止

- 如何结束对话

怎样与人打招呼

- 一天中，与认识的人第一次碰面的时候，要看着他们说"嗨，你好"。

- 在走廊偶遇或者午餐时见到，要看着他们说"嗨"。

- 别人要走了，要看着他们说"再见"或者"回见"。

　　注意：如果对方是同龄人，那么打招呼或者再见的时候可以随便一点，可以只说"嗨"或者"回见"。如果是大人，那就正式点，说"你好"或者"再见"。

■ 一天中，与认识的人第一次碰面的时候，要看着他们说"嗨，你好"。

恰当的方式

这是今天她们第一次碰面，她们互相说"嗨，你好"。

不恰当的方式

这位年轻的女士说"你好"，可是坐轮椅的女士却没抬头看，也没说话。

■ 在走廊偶遇或者午餐时见到,要看着他们说"嗨"。

恰当的方式

他们都看着女生,说"嗨"。

不恰当的方式

大家都没看她,也没打招呼。

■ 在走廊偶遇或者午餐时见到，要看着他们说"嗨"。

恰当的方式

嗨。
嗨。

他们是同龄人，所以互相比较随便，打招呼的时候说了"嗨"。

不恰当的方式

我挺喜欢她的，但是我害怕跟人打招呼。

嗨。嗨，我跟你打招呼呢。你好。

太没礼貌了。我猜他可能不喜欢我。

女生对男生说"嗨"，但是男生没抬头看她。

■ 别人要走了，要看着他们说"再见"或者"回见"。

恰当的方式

女生们要走了，她们看着老师，说"再见"。

不恰当的方式

老师还在讲话呢，女生们就往外走了。她们不看老师，说话也很随便，看起来很没礼貌。

想要插话怎么办

- 先想想，你需要求助的事或者想要的什么东西，是不是很紧急，非插话不可。

- 如果非插话不可，先安静地等一会儿。先别说话，打个手势或者看着对方，或者站到他们能看到的地方，引起他们的注意。

- 等他们在谈话中间停顿或者看向你的时候，先说"不好意思，我打断一下"，然后再说你想说的，要你想要的。

■ 先想想，你需要求助的事或者想要的什么东西，是不是很紧急，非插话不可。

> 我觉得这次英语课讲的小说确实挺有意思。

> 啊，真的啊，你真这么觉得啊？我觉得这小说可没意思了，真希望直接跳过去学下一篇得了。

> 我不知道作业要做什么。我猜同学肯定知道。

右边的男生想知道作业是什么。左边两名学生在说话，他想插话问一下。

■ 安静地等着，等到他们看向你。先别说话，看着对方或者打个手势，或者站到他们能看到的地方，引起他们的注意。

恰当的方式

右边的学生没说话。他看着左边的两名学生，坐到他们能看到的地方，引起他们的注意。

不恰当的方式

右边的学生没等别人说完，也没等别人看向他，就开始说自己的事。

■ 等他们在谈话中间停顿或者看向你的时候，先说"不好意思，我打断一下"，然后再说你想说的，要你想要的。

恰当的方式

右边的学生等到别人都看向他了，才说"不好意思，我打断一下"，之后才问作业的事。

不恰当的方式

右边的学生等不及，也没说"不好意思，我打断一下"，所以大家都挺烦他的。

上课的时候有话要说怎么办

- 先想想，你需要求助的事或者想要的什么东西，是不是很紧急，非插话不可。

- 举手，安静地等着，等老师叫到你。

- 等老师叫到你了，先说"不好意思，我打断一下"，之后再说你想要什么或者想做什么。

- 如果老师不让说了，就不要再插话。有时候老师自有安排，有些时间是专门留给学生问问题的，有些时间是要求学生安静听讲的。

■ 先想想，你需要求助的事或者想要的什么东西，是不是很紧急，非插话不可。

这个学生没明白老师说的什么，所以要举手引起老师的注意。

■ 举手，安静地等着，等老师叫到你。

恰当的方式

这个学生举手，安静地等着，等老师叫他。

不恰当的方式

这个学生也举手了，但是直接喊了出来，都没等老师解释完要做什么。

■ 等老师叫到你了，先说"不好意思，我打断一下"，之后再说你想要什么或者想做什么。

■ 如果老师不让说了，就不要再插话。有时候老师自有安排，有些时间是专门留给学生问问题的，有些时间是要求学生安静听讲的。

恰当的方式

这个学生没再问问题，等老师讲完。

不恰当的方式

这个学生倒是举手了，但是老师都不让他说了，他还继续说。老师发火了。

要打断别人工作怎么办

- 要打断别人工作，先敲敲门或者站到他们能看到的地方，引起他们的注意。

- 等到对方发出信号，示意可以打断他（比如，他们可能会说"请进"）。

- 先说"不好意思，我打断一下"，之后再说你要说的。

■ 要打断别人工作，先敲敲门或者站到他们能看到的地方，引起他们的注意。

这个年轻人先敲了敲门，无声地示意这位女士他有一个邮件要给她。

- 等到对方发出信号，示意可以打断他（比如，他们可能会说"请进来"）。

恰当的方式

这个年轻人一直等到这位女士示意让他进来。

（气泡）我最好等着。

不恰当的方式

这个年轻人直接把邮件从窗户递进去了，这位女士正在打电话，被他打断了。

（气泡）他没看见我正打电话吗？

■ 等到对方发出信号，示意可以打断他（比如，他们可能会说"请进"）。

恰当的方式

这位女士用手势示意可以进来，这个年轻人才进去。

不恰当的方式

还没等这位女士说"请进"呢，这个年轻人就直接进去了。

- 先说"不好意思,我打断一下",之后再说你要说的。

这个年轻人先做了自我介绍,然后才把邮件交给这位女士。

怎样跟认识的人开始聊天

- 一天中第一次碰面的时候,可以说"你好"。

- 可以聊的话题:

    过去的事:"……怎么样啊?"
    举例:上学的事,周末的事,假期的事
    眼下的事:"你在……啊?"
    举例:做什么,吃什么,看什么书,玩什么游戏
    将来的事:"你打算……啊?"
    举例:放学之后,这个周末,放假的时候
    个人兴趣爱好:"……怎么样?"
    举例:工作,足球(篮球、网球等)训练,休闲方式,电子游戏

- 对方回答之后,可以接着问问(谁、什么、哪里、什么时候、为什么或者怎么样),或者跟他们聊聊你自己这方面的情况。

■ 一天中第一次碰面的时候，可以说"你好"。

■ 聊聊过去的事。

■ 对方回答之后,可以接着问问(谁、什么、哪里、什么时候、为什么或者怎么样),或者跟他们聊聊你自己这方面的情况。

你觉得自己答得怎么样?

还行吧,虽然没学多少。

我今天也有考试,考法语。但愿能考好吧。

你总是做得很好。

■ 聊聊眼下的事。

■ 对方回答之后，可以接着问问（谁、什么、哪里、什么时候、为什么或者怎么样），或者跟他们聊聊你自己这方面的情况。

> 我觉得考试之前应该吃点好的。

> 哎，你知道吗，你说话这口气有点像我妈呢。不过我知道你是关心我，谢谢你。

■ 一天中第一次碰面的时候，可以说"你好"。

■ 聊聊将来的事。

要考数学了,你复习好了吗?

我觉得还行。我复习了。

■ 对方回答之后，可以接着问问（谁、什么、哪里、什么时候、为什么或者怎么样），或者跟他们聊聊你自己这方面的情况。

> 下节课就考完了，真开心啊。

> 我也是。

> 你考完了要干什么？

> 就自习呗。

■ 一天中第一次碰面的时候，可以说"你好"。

■ 聊聊个人兴趣爱好。

你新玩的那个电子游戏怎么样？你打到第三级了吗？

特好玩，不过我第二级还没打过呢。

右边的学生最近玩了个新电子游戏，左边的学生在问他这个事。

■ 对方回答之后，可以接着问问（谁、什么、哪里、什么时候、为什么或者怎么样），或者跟他们聊聊你自己这方面的情况。

怎样认识新朋友

- **如何发起对话：**

  聊聊你看见的，或者你们可能有交集的地方，例如："你觉得这节课怎么样？""你这笔记本挺好看的。我也想要一个这样的本子。"

- **自我介绍。**

- **可以聊聊下面这些话题，以便增进彼此的了解，发现双方的共同点：**

  学校生活：你都上什么课？那些课有意思吗？
  双方年龄：如果对方是成人，最好不问。
  兴趣爱好：你都喜欢干什么？你喜欢运动吗？你喜欢音乐吗？你平时都看哪些电视节目？
  来自哪里：你家住哪儿？那个地方怎么样？
  家庭成员：你家人多吗？你有兄弟姐妹吗？你养宠物吗？
  工作情况：你工作了吗？那份工作怎么样？

- **避免敏感话题：**不要谈及可能惹对方不高兴的话题。

- **如何结束对话：**先解释一下自己为什么要走，之后说"跟你聊天很开心"。

■ 从双方可能有交集的事情聊起。

男生注意到女生跟自己一样没吃午饭。这就是他们的共同点。

◼ 自我介绍。

那个，我叫迈克尔。你叫什么名字？

我叫希拉。

很高兴认识你。

很高兴认识你。

迈克尔自我介绍说："我叫迈克尔。你叫什么名字？"

■ 有问有答，增进彼此的了解。他们在聊学校生活。

想要聊下去的话

可以问对方的问题：有关谁、什么、哪里、什么时候、
　　　　　　　　为什么、怎么样、还有什么等话题。

自己可以说的：我……我的……

■ 有问有答，增进彼此的了解。他们继续聊学校的话题。

（那你都选了什么课？）

（当代文学。你呢？）

（哦。我去年也选了彼得老师的当代文学课，今年选的是琼斯老师的古典文学课。）

（我听说她讲得很好。我估计彼得老师应该也不错。）

想要聊下去的话

可以问对方的问题：有关谁、什么、哪里、什么时候、为什么、怎么样、还有什么等话题。

自己可以说的：我……我的……

■ 有问有答，增进彼此的了解。他们聊到了年级，还有年龄。

那你读几年级？
我十年级。你呢？
我九年级。

你多大了？
我十六了。你呢？
我十五。

想要聊下去的话

可以问对方的问题：有关谁、什么、哪里、什么时候、为什么、怎么样、还有什么等话题。

自己可以说的：我……我的……

■ 有问有答，增进彼此的了解。他们聊的是彼此的兴趣爱好。

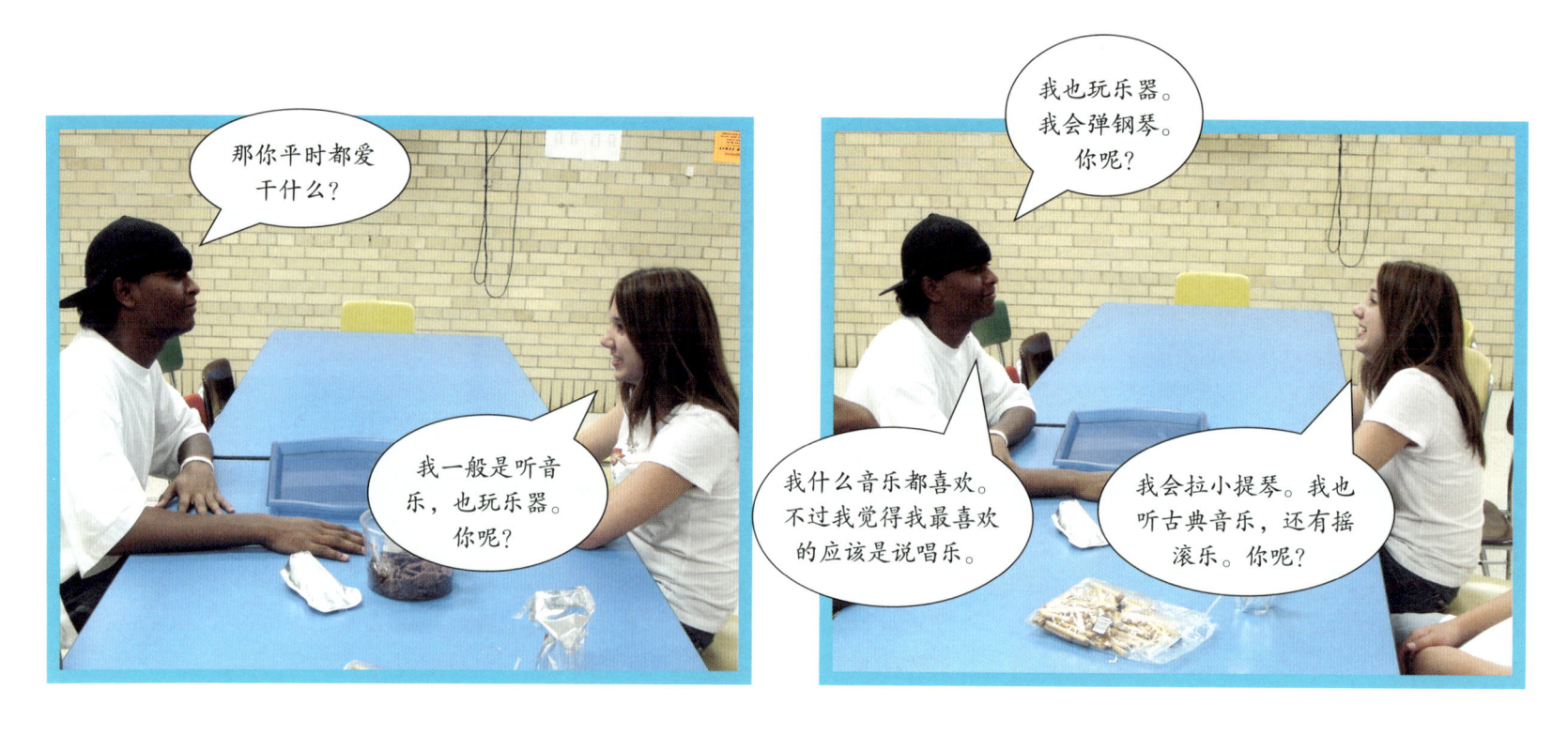

那你平时都爱干什么？

我一般是听音乐，也玩乐器。你呢？

我也玩乐器。我会弹钢琴。你呢？

我什么音乐都喜欢。不过我觉得我最喜欢的应该是说唱乐。

我会拉小提琴。我也听古典音乐，还有摇滚乐。你呢？

想要聊下去的话

可以问对方的问题：有关谁、什么、哪里、什么时候、为什么、怎么样、还有什么等话题。

自己可以说的：我……我的……

■ 有问有答，增进彼此的了解。他们聊的是家住哪里。

> 那你家住哪儿啊？

> 南橙市中心附近。你呢？

> 我住枫林，不过要是早知道你住南橙那边的话，我就多上那边转几圈了。

> 噢，真的啊。

想要聊下去的话

可以问对方的问题：有关谁、什么、哪里、什么时候、为什么、怎么样、还有什么等话题。

自己可以说的：我……我的……

■ 有问有答，增进彼此的了解。他们聊的是家庭成员。

你家人多吗？

不多，只有我父母和我哥哥。你呢？

二十。已经上大学了。

艾塞克斯社区大学。

只有我和老爸老妈。我没有兄弟姐妹。你哥哥多大了？

哪个大学？

想要聊下去的话

可以问对方的问题：有关谁、什么、哪里、什么时候、为什么、怎么样、还有什么等话题。

自己可以说的：我……我的……

■ 有问有答，增进彼此的了解。他们聊的是工作。

（图一对话）
那除了上学，你还有兼职吗？
嗯，我周末的时候在唱片店打工。你呢？

（图二对话）
我没有。我还没拿到打工许可呢。估计明年能行。那你上学和打工怎么兼顾的？
我每周就干差不多四个小时。

想要聊下去的话

可以问对方的问题：有关谁、什么、哪里、什么时候、为什么、怎么样、还有什么等话题。

自己可以说的：我……我的……

■ 避免敏感话题。

恰当的方式

男生夸女生说她做得对。

不恰当的方式

男生对女生说不找工作就会变成穷光蛋，这让女生很生气。

■ 如何结束对话。

男生解释了为什么得走,之后说了"认识你很高兴"。

开玩笑要分清场合、适可而止

- 讲笑话、开玩笑或者搞笑是可以的，前提是在场的人都挺开心的。

- 但是重要的是，如果有人跟你说不要这样了，那就应该停止。

- 如果已经让人不舒服了，还要继续搞笑，这样是不对的。

■ 讲笑话、开玩笑或者搞笑是可以的，前提是在场的人都挺开心的。

中间这个学生在讲笑话，逗得大家哈哈大笑，这是可以的，因为每个人看起来都挺开心的。

■ 但是重要的是，如果有人跟你说不要这样了，那就应该停止。

恰当的方式

男生发现女生不想听这个笑话，就没再讲下去。

不恰当的方式

女生都说了不想听了，男生还在继续讲。女生觉得很烦，不想再跟男生说话了。

■ 如果已经让人不舒服了，还要继续搞笑，这样是不对的。

> 我想起来一个笑话，说的是一个男人和一只猪……

> 一点都不好笑，烦人。

> 现在不是讲笑话的时候。我在上课呢，你这样很没礼貌。

中间这个男生想给班上的同学讲个笑话。尽管这个笑话很好笑，但是对老师和想学习的同学造成了干扰。

如何结束对话

- 有时候结束对话是因为：

  还有其他事要做。
  觉得没意思了。

- 等对方说完，评论几句，或者问个问题，表示你对他说的很感兴趣。

- 先解释一下自己为什么得走，之后说"再见"。

  如果是因为有其他事要做，那就说"跟你聊天很高兴，可是我还得去……"（解释你要去做什么）。
  如果是因为觉得没意思了，那就找个借口，不要说觉得没意思了，免得伤害对方。可以说上课要晚了，或者有个约会要晚了，或者说你要去吃点什么、喝点什么。

有时候想结束对话，是因为还有其他事要做，或者觉得没意思了。

我们今天考试了，然后……

男生想要结束对话，因为马上要考试了，他得去复习。

■ 等对方说完，评论几句，或者问个问题，表示你对他说的很感兴趣。

恰当的方式

男生问了至少一个问题，以表示他对女生说的很感兴趣。

不恰当的方式

女生正跟男生说话呢，可男生直接走开了。

■ 先解释一下自己为什么得走，之后说"再见"。

不好意思，我打断一下哈，我得走了，我下节课有考试，我得复习去了。

好的。

再见。

再见。祝你考个好成绩哈。

恰当的方式

男生解释了自己为什么得走。

恰当的方式

之后男生说"再见"。

91

■ 有时候想结束对话,是因为还有其他事要做,或者觉得没意思了。

姑娘们,这道题还有一个解法,就是……

我们得走了,要不就该迟到了。

下课了,老师还在讲,但学生们得走了,因为下节还有课。

■ 等对方说完，评论几句，或者问个问题，表示你对他说的很感兴趣。

恰当的方式

学生们评论了几句。

不恰当的方式

老师正讲着呢，学生们就告诉老师她们听不下去了，直接走出了教室。

■ 先解释一下自己为什么得走，之后说"再见"。

恰当的方式

学生们告诉老师她们下节有课，再不走就迟到了。

恰当的方式

学生们对老师说"再见"。

发展和巩固友谊

- 不能霸占朋友
- 避免敏感话题，不要侮辱或者冒犯他人
- 表达共情与同理
- 别当"国际警察"
- 如何表达自己的情绪感受
- 如何提出批评意见
- 如何解决矛盾冲突
- 遭到戏弄嘲笑怎么办
- 如何约会异性

不能霸占朋友

- 要明白自己的朋友也可以和其他人在一起，不必嫉妒或者生气，这很重要。

- 如果你因此生气或者嫉妒，他们可能就不想再跟你做朋友了。

- 给朋友空间，允许他们有自己的朋友，这样他们会更愿意和你在一起。

■ 要明白自己的朋友也可以和其他人在一起，不必嫉妒或者生气，这很重要。

> 那是我的好朋友。真希望她能和我坐在一起。

> 我猜她今天可能要和那些女孩坐在一起了。

■ 如果你因此生气或者嫉妒，他们可能就不想再跟你做朋友了。

不恰当的方式

右边这个女生的好朋友跟别的女孩坐在一起，她生气了，说了好朋友一顿。她可能会失去这个朋友。

不恰当的方式

这个女生朝好朋友发了脾气，所以这个好朋友不想再跟她说话了。

■ 给朋友空间，允许他们有自己的朋友，这样他们会更愿意和你在一起。

（左图气泡）
她看起来孤零零的。我应该请她坐过来。

真希望她们能请我过去坐啊，但是我不会主动要求，我要给好朋友一些空间，让她和她自己的朋友待一会儿。

（右图气泡）
谢谢啦。

嗨，过来跟我们一起坐吧。你听说了吗？今天法国出了一件特别搞笑的事，就是……

恰当的方式

右边女生的好朋友和其他朋友坐在一起，这个女生能接受，也不过去打扰她们。

恰当的方式

这个女生没有过去打扰她们，她的好朋友觉得她很好，请她过去跟她们坐在一起。

避免敏感话题，不要侮辱或者冒犯他人

- 敏感话题，指的是那些比较隐私的话题，或者会让人感觉不舒服的话题。举个例子，涉及身体残障、种族、宗教或者性的话题都是敏感话题。

- 这类话题，对方如果不主动谈起，我们就不要提。

- 侮辱或者冒犯他人，指的是说一些伤害他人的话。例如，下面这些：说别人长得难看，说人家能力不行，贬损人家的家人，等等。

- 永远不要侮辱或者冒犯他人。

■ 敏感话题，对方如果不主动谈起，我们就不要提。

恰当的方式

玛丽莲主动谈起了自己的身体状况，贝丝才说起这个话题。

不恰当的方式

玛丽莲还没有提及自己的身体状况，贝丝就说起了这个话题。

■ 不要贬损他人的工作或者劳动。

> 我觉得这条项链不太适合我。

> 我从来没见过这么难看的项链。怎么能有人做出这么难看的项链呢？

恰当的方式

贝丝不喜欢这条项链，但是她不想冒犯别人。她只是说这条项链不适合她。

不恰当的方式

贝丝不喜欢这条项链，她说了些不好听的话，这对卖项链的人来说就是一种冒犯。

■ 敏感话题，对方如果不主动谈起，我们就不要问。

恰当的方式

女生没有主动问男生敏感问题。直到男生自己提及家是特立尼达的，她才跟他说起这个话题。

不恰当的方式

女生问了男生一个敏感话题——种族，对于男生来说这是很唐突的，因为在男生看来，女生这是先入为主，就因为他看起来跟她有点不一样，就认定他不是自己人。

■ **不要说别人的家不好。**

恰当的方式

男生对姑妈家的房子赞不绝口。

不恰当的方式

男生对姑妈家的房子品头论足,这对姑妈来说就是一种冒犯。

■ 不要说别人做饭不好吃。

恰当的方式

男生夸姑妈做饭好吃。

左图对话：
- "这个太好吃了！谢谢您。"
- "哦，你喜欢吃就好。给我大侄子做饭真是太有成就感了。"

不恰当的方式

男生说姑妈做饭不好吃，这对姑妈来说就是一种冒犯。如果他不喜欢吃，他其实可以说自己不怎么饿。

右图对话：
- "这也太难吃了。这里放什么了？"
- "再也不请他来我家了。"
- "呃，那你别勉强吃哈。"

表达共情与同理

- 别人不开心了、难过了或者生气了，要及时察觉。

- 可以问"你还好吧？出什么事了？"

- 可以说一些安慰鼓励的话，比如：

    跟对方说自己能理解他们的感受。可以这样说："发生这样的事，你肯定觉得……这很正常。"

    跟对方说说自己类似的经历。可以这样说："我也经历过这样的事……我知道你的感受。"

    说些肯定对方或者对未来表示乐观的话。可以这样说："你这么出色，我相信一切都会好的。"

    问问对方想不想做些好玩的事，转移一下注意力。

    问问对方有没有什么自己能帮上忙的。

■ 别人不开心了、难过了或者生气了,要及时察觉。

■ 可以问："你还好吧？出什么事了？"

■ 说一些安慰鼓励的话。

哦，是啊，确实是挺闹心的。我能理解你的感受。

他能关心我，真是好人哪！

男生对女生的感受表示理解。

■ 说一些安慰鼓励的话。

恰当的方式

其实你演得特别好。我觉得下次你肯定能上。

可能他是对的。我感觉好受多了,我真的很喜欢他。

谢谢你能这么说。

男生对女生表示肯定,还对未来表示乐观,这让女生感觉好多了。

不恰当的方式

我觉得你可能演得不够好。

也许他是对的。但我感觉糟透了,我不想再跟他说话了。

男生说了一些话,女生很受打击,感觉更糟糕了。

■ 别人不开心了、难过了或者生气了,要及时察觉。

> 他看起来有点儿不开心。

◾ 可以问：“你还好吧？出什么事了？”

■ 说一些安慰鼓励的话。

> 原来不是只有我有这种遭遇，感觉好多了。

> 我知道你的感受。去年我也有过类似经历，我没能进足球队。我们教练说我球技还不够好。我真难受了好一段时间。

右边的男生讲了一下自己类似的经历，这让左边的男生感觉好多了。

◼ 说一些安慰鼓励的话。

恰当的方式

右边的男生说如果需要的话可以帮忙，左边的男生感觉好多了。

不恰当的方式

右边的男生取笑了左边的男生，左边的男生感觉更糟了，开始讨厌这个男生。

115

别当"国际警察"

- 别人应该怎么做,不用你来告诉,即便他们违反了规则,也不要乱管闲事,除非他们的所作所为:

  很危险。

  伤害到你或者其他人。

■ 别人应该怎么做，不用你来告诉，除非他们的所作所为伤害到你或者其他人。

这人怎么回事。他又不是值周生。

哎，你把帽子摘掉！

嘿，管好你自己得了。

恰当的方式

左边的男生戴着帽子，这是违反校规的。周围人都没说什么，因为戴帽子这种行为没有伤害到别人。

不恰当的方式

右边的男生没必要告诉他不要戴帽子，因为戴帽子这种行为没有伤害到别人。

■ 别人应该怎么做，不用你来告诉，除非他们的所作所为伤害到你或者其他人。

恰当的方式

左边的女生在嚼口香糖，这是违反校规的。周围人都没说什么，因为嚼口香糖这种行为没有伤害到别人。

不恰当的方式

男生没必要告诉她不要嚼口香糖，因为嚼口香糖这种行为没有伤害到别人。

■ 别人应该怎么做，不用你来告诉，除非他们的所作所为伤害到你或者其他人。

哈哈！我刚才看见你打篮球了，打得太臭了。

别说了。

哈哈！我刚才看见你打篮球了，打得太臭了。

恰当的方式

左边的男生遭到嘲笑，他要求对方立即停止。如果有人伤害到你，你就可以告诉他们应该怎么做。

不恰当的方式

被嘲笑的男生什么都没说。遭到嘲笑的时候，不搭理是可以的，但是有些时候最好是告诉对方立即停止。

■ 别人应该怎么做，不用你来告诉，除非他们的所作所为伤害到你或者其他人。

好，同学们，请把社交读本拿出来，翻到第 26 页，开始读。

老师说的是读，不是画哈。

啊？你冷静！冷静！

消停会儿，行不？

不恰当的方式

左边的男生没必要告诉右边的男生要做什么作业。他又不是老师。

不恰当的方式

左边的男生一直在那管闲事，把右边的男生惹火了。

如何表达自己的情绪感受

- 要在合适的时间进行表达（例如，下课的时候）。

- 要求跟对方谈的时候，态度要好。

- 以平静的语气说出自己的感受：使用第一人称的句型来表达自己的情绪感受。

  你做了……
  我感觉……
  因为……
  我希望……

- 如果他们不愿意按你说的那样做，那就建议各让一步。

■ 老师说了一些话，学生感到很受伤。

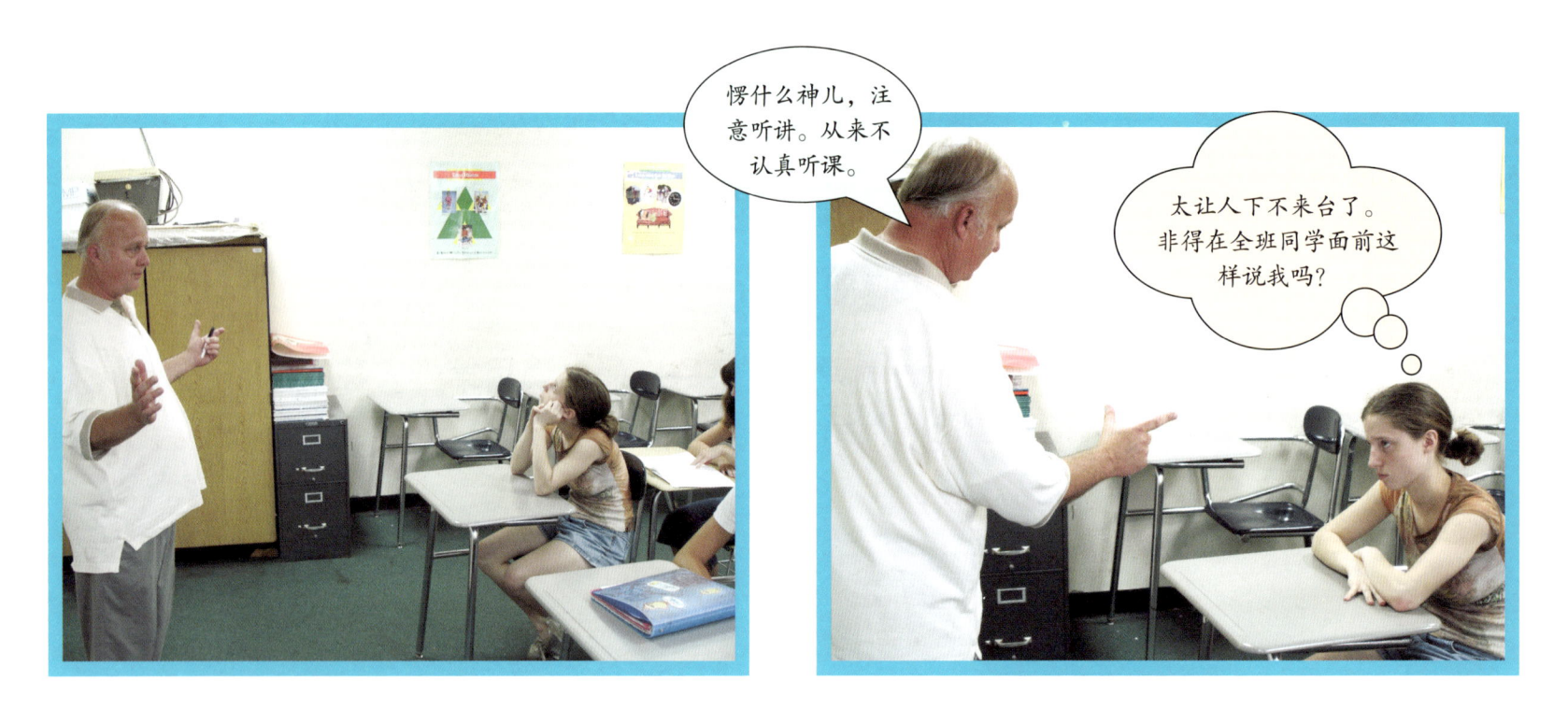

> 愣什么神儿，注意听讲。从来不认真听课。

> 太让人下不来台了。非得在全班同学面前这样说我吗？

老师在讲课，女生走神儿了。

老师当着全班同学的面训了她。

■ 第一步：要在合适的时间进行表达（例如，下课的时候）。

我要等到下课再跟老师谈。

她想找麻烦吗！

真受不了你！

恰当的方式

这个女生等着下课之后跟老师私下谈谈。

不恰当的方式

学生顶撞老师。她这样一错再错，老师基本不可能按她想要的那样做了。

■ **第二步：问问对方可不可以跟你谈谈，注意态度要好。**

恰当的方式

学生很平静地问老师可不可以跟她谈谈。

不恰当的方式

学生紧握拳头，怒气冲冲地朝着老师说话。这样就是一错再错，将来老师可能会让她更下不来台的。

■ **第三步：以平静的语气说出自己的感受：使用第一人称来表达自己的情绪感受。**

> 您当着全班同学的面那么说我，我觉得很难过，实在太下不来台了。您以后能不能等下课再说。

> 我理解你的感受，不过作为老师，你不听课，我得提醒你。

> 我要喊了！

> 不要这样。

恰当的方式

学生很平静地表达了自己的感受和诉求。

不恰当的方式

学生吓唬老师说自己要朝他喊了。她这样一错再错，老师基本不可能按她想要的那样做了。

■ **第四步：以平静的语气说出自己的感受：使用第一人称来表达自己的情绪感受。**

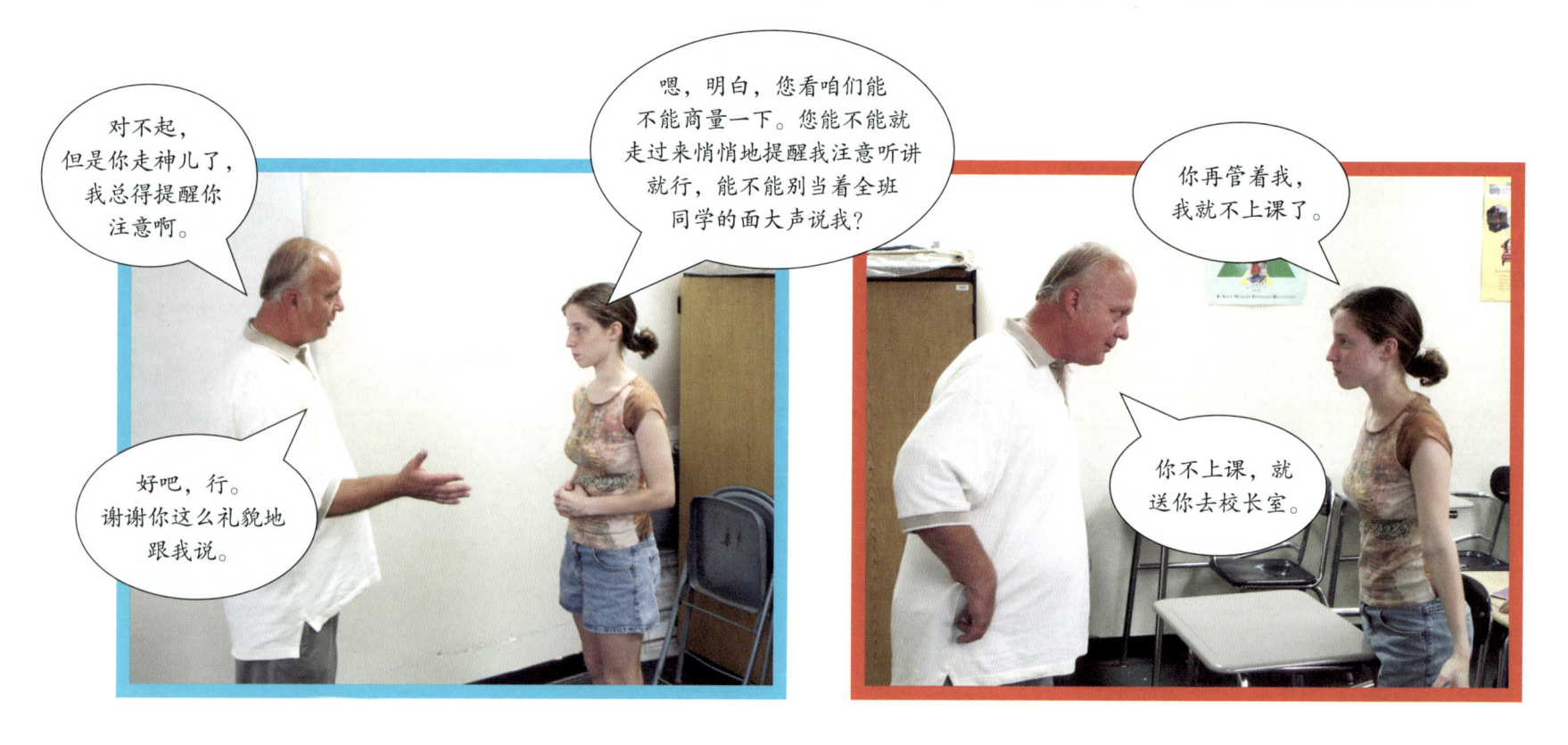

恰当的方式

不能什么都按自己的想法来，学生也能明白这个道理，于是她建议各让一步。

不恰当的方式

老师觉得提醒学生注意听讲是他的工作职责，学生不接受这个说法。她这样怒气冲天，很有可能会闯下更大的祸，最后闹到校长那儿去。

如何提出批评意见

- 别人所做的事情直接干扰到你，或者对他人产生威胁，只有这种情况下，才可以提出批评或者抱怨。除此之外，什么都不要说。

- 如果要提，语气要平静，并且说明希望他们怎么做。可以使用第一人称的句型。

    你做了……
    我感觉……
    因为……
    我希望……

■ 别人所做的事情直接干扰到你，或者对他人产生威胁，只有这种情况下，才可以提出批评或者抱怨。除此之外，什么都不要说。

恰当的方式

左边的男生在咬指甲。右边的男生虽然觉得有点恶心，但也没说什么，因为这种行为并没有直接干扰到他。

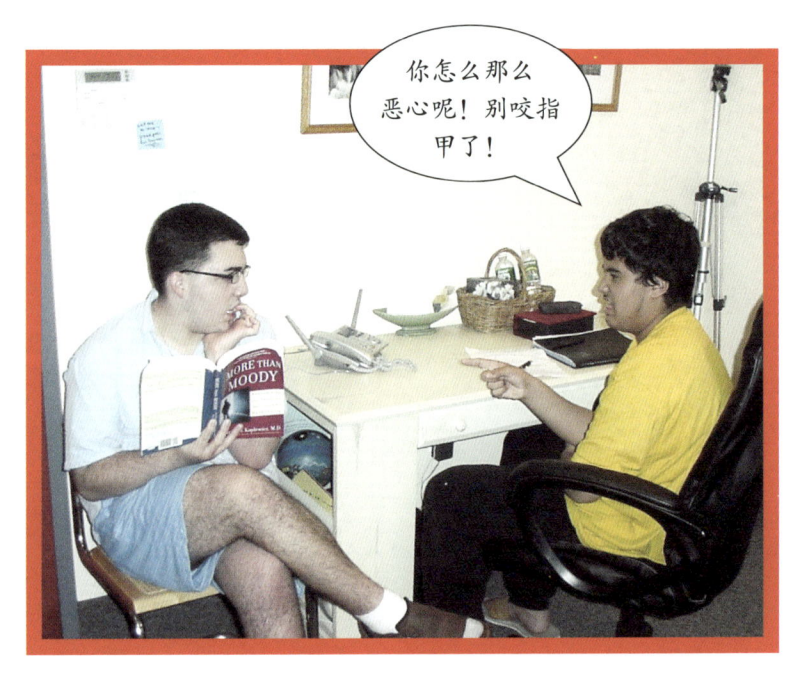

不恰当的方式

左边的男生在咬指甲。尽管这种行为没有直接干扰到右边的男生，但他还是大声指责人家。

◼ 如果要提，语气要平静，并且说明希望他们怎么做。可以使用第一人称的句型。

恰当的方式

右边的男生使用第一人称的句型和声细语地告诉左边的男生不要叽咕了。

不恰当的方式

右边的男生一点儿都不冷静，冲着左边的男生大声嚷嚷，让他闭嘴，还吓唬人家。他可能有麻烦了，老师和其他同学都会烦的。

如何解决矛盾冲突

- 和别人闹矛盾了，尽量另约时间好好谈谈，而不是一言不合就争执。

- 等到对方想谈了，平静地告诉对方你因为什么生气。使用第一人称的句型，以肯定句的形式告诉对方你的想法：

  当时……，我觉得……
  我希望……

- 之后听听对方是怎么想的，中间不要打断人家。仔细想想你是否能理解对方。

- 轮流说，想想怎样解决对双方来说都能接受，最后达成一致。

和别人闹矛盾了，尽量另约时间好好谈谈，而不是一言不合就争执。

恰当的方式

右边的女生问左边的女生可不可以约个时间谈谈。因为她表现得很平静，所以争取到了约谈机会。

不恰当的方式

右边的女生冲着左边的女生大喊大叫，说人家惹到她了。这种行为把左边的女生吓跑了。

■ 等到对方想谈了，平静地告诉人家你因为什么生气。使用第一人称的句型，以肯定句的形式告诉对方你的想法。

> 谢谢你能跟我谈。我听说你跟别人说我欺负人，我觉得很难过。我想知道你是不是真的那么说过或者真的觉得我是那样的人。

> 你到处跟人说我欺负人。你这么干才是欺负人呢。

> 我根本没这么说过！你现在就在欺负我！离我远点儿！

恰当的方式

左边的女生使用第一人称的句型很平静地对右边的女生说了她生气的原因：当时……，我觉得……，我希望……。因为她很平静，所以对方也能听进去。

不恰当的方式

左边的女生冲着右边的女生大喊大叫，说对方惹到她了。她还骂了人家。又吵又闹还骂人，对方肯定不会听的。

■ 之后听听对方是怎么想的，中间不要打断人家。仔细想想你是否能理解对方。

恰当的方式

左边的女生听右边的女生就此事做出的回答，一直没有插话。双方都能认真倾听对方，就有可能澄清误会，解决问题。

不恰当的方式

两个女生你一句我一句对骂起来，谁也不听对方讲话。这样根本解决不了问题。

◼ 轮流说，想想怎样解决对双方来说都能接受，最后达成一致。

> 嗯嗯，虽然你不是那么说的，但是玛丽还是觉得你是那个意思，说我欺负别人的意思。那你能不能帮我跟她解释一下？

> 那这样吧，我去跟她解释一下，我就说你人很好，我那么说的意思是我觉得厉害起来挺好的，不是欺负人的意思，这样行吗？

恰当的方式

双方都能好好听对方讲话，所以都能理解对方。接下来她们就能想想如何解决问题。

■ 双方解决了矛盾。

遭到戏弄嘲笑怎么办

- 先问问对方是不是在开玩笑。

- 平静而坚决地告诉对方不要这样。

- 如果对方继续,那就告诉他你不想搭理他,之后离开。

- 如果对方继续或者缠着你,那就去找大人、老师、家长或者管事的。

先问问对方是不是在开玩笑。

> 你开玩笑的吧？

> 老兄，你体育实在太臭了。

> 看我今天能不能逗逗他。

> 嗯，对不起，其实你体育还行啦。

有些时候有些人只是开个玩笑，并不是真的有意要伤害你的感情。如果你告诉对方不要这样，他们可能就会道歉。

■ 平静而坚决地告诉对方不要这样。

恰当的方式

左边的男生平静而坚决地告诉右边的男生不要这样。他的态度很平静，表明这种嘲笑根本伤不到他，所以对方可能就不这样做了。

不恰当的方式

有些人嘲笑别人，如果看到对方被激怒了，可能会变本加厉。

■ 如果对方继续，那就告诉他你不想搭理他，之后离开。

左边的男生根本没搭理对方，径直走开了，右边的男生觉得人家压根不在乎，所以可能就不会再试图激怒他了。

■ 如果对方继续或者缠着你，那就去找大人、老师、家长或者管事的。

对方还在继续嘲笑他。

被嘲笑的男生去报告了老师。

■ 嘲笑别人，这下有麻烦了。

> 我警告过你不要笑话别人。我会报告给校长。

> 我做过头了。现在完蛋了。

嘲笑别人，对方都要求他不要这样了他还继续，这下有麻烦了，被老师警告了。

如何约会异性

- 发起对话，先自我介绍，从双方可能有交集的事情聊起，慢慢增进了解。（请参考第 72 到 83 页 "怎样认识新朋友" 技能）

- 如果对方表现出欢迎的态度，那下次还可以再聊，进一步了解对方。

- 学会夸奖对方，做些让对方高兴的事。

- 如果对方表现出欢迎的态度，那就提议一起做点双方都感兴趣的事情。

■ 发起对话，先自我介绍，从双方可能有交集的事情聊起，慢慢增进了解。

男生认出女生跟他一起上过数学课。这就是他们的交集。

◼ 发起对话，先自我介绍，从双方可能有交集的事情聊起，慢慢增进了解。

迈克尔自我介绍说："我叫迈克尔。你呢？"

■ 发起对话，先自我介绍，从双方可能有交集的事情聊起。

想要聊下去的话

可以问对方的问题：有关谁、什么、哪里、什么时候、为什么、怎么样、还有什么等话题。

自己可以说的：我……我的……

■ 发起对话，先自我介绍，从双方可能有交集的事情聊起，慢慢增进了解。

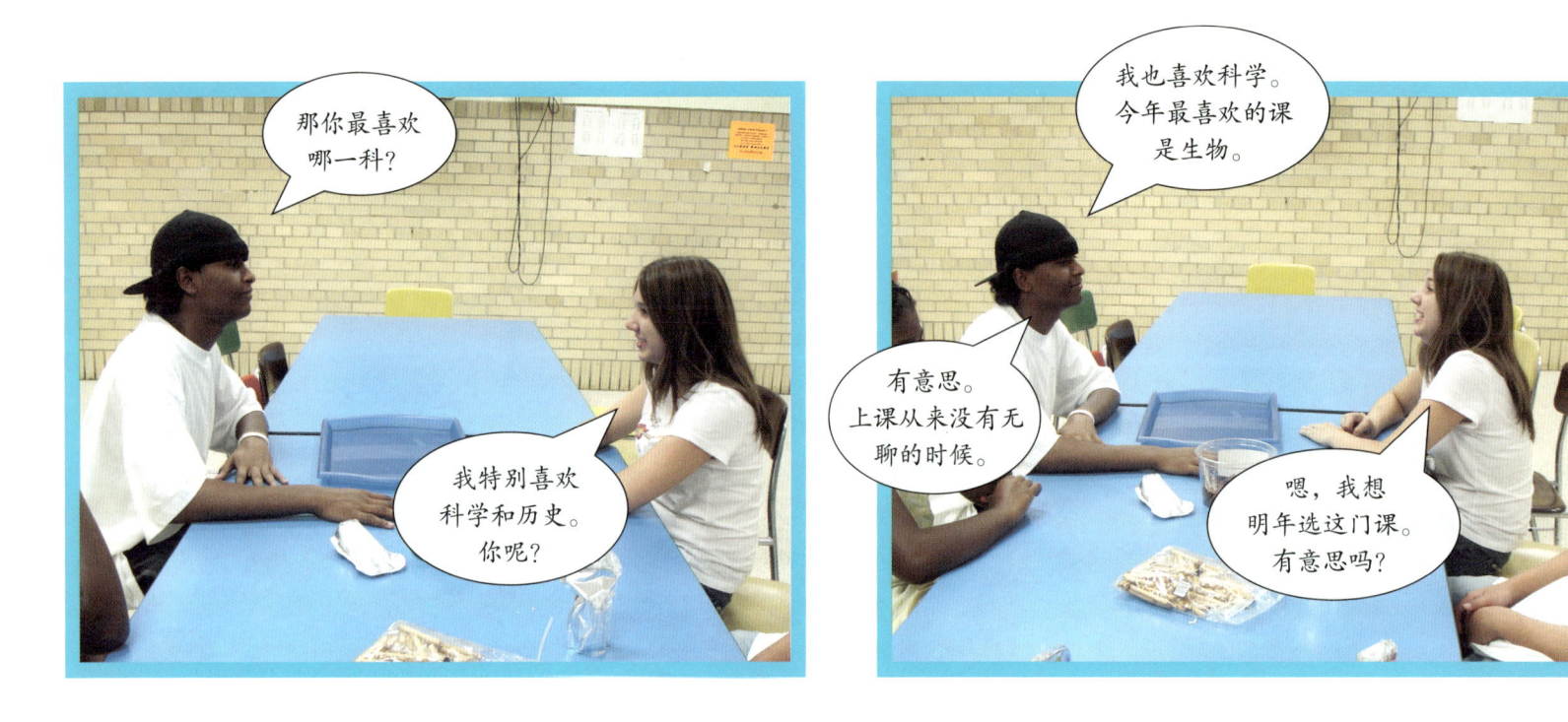

那你最喜欢哪一科？

我特别喜欢科学和历史。你呢？

我也喜欢科学。今年最喜欢的课是生物。

有意思。上课从来没有无聊的时候。

嗯，我想明年选这门课。有意思吗？

想要聊下去的话

可以问对方的问题：有关谁、什么、哪里、什么时候、为什么、怎么样、还有什么等话题。

自己可以说的：我……我的……

■ 如果对方表现出欢迎的态度，那下次还可以再聊，进一步了解对方。

恰当的方式

男生先在远处打了个招呼，看看女生有没有兴趣。女生微笑着看向他，也打了招呼，表现出欢迎的态度。

不恰当的方式

迈克尔跟着希拉，希拉转头不看他，而且看起来不太高兴，这表明她可能不想跟他说话。迈克尔不应该再跟着希拉。

■ 如果对方表现出欢迎的态度，那下次还可以再聊，进一步了解对方。

欢迎的态度

女生微笑着面向男生，这表明女生喜欢跟他聊天，所以男生可以继续聊。

欢迎的态度

女生倚着柜子站着，没有着急去上下一节课。这似乎表明她想和男生一起聊聊天。

■ 学会夸奖对方，做些让对方高兴的事。

男生夸了女生。

男生主动做了让女生高兴的事。

■ 如果对方表现出欢迎的态度，那就提议一起做点双方都感兴趣的事情。

恰当的方式

他保持社交距离向希拉提建议，希拉微笑着转向他，看起来还挺欢迎他的。

不恰当的方式

希拉没有表示欢迎，她转向别处，而且看起来不太高兴。这个时候迈克尔就不应该再跟着她请她出去了，再继续下去就要坏事了。

学校和职场相关技能

- 害怕尝试新事物怎么办

- 怎样克服困难

- 遭到拒绝怎么办,学会等待

- 失误犯错怎么办

- 如何与人共事,学会和人协商

- 如何准备面试

害怕尝试新事物怎么办

- 告诉别人你很害怕，比发脾气、"罢工"强。

- 问问可不可以先看别人做，等自己有信心再说。

- 记住，第一次做事的时候有些害怕是很正常的，只要多试几次，就会觉得越来越容易。

- 尽量做，能做多少做多少。

- 回想一下之前学过的东西。这个事可能没你想象得那么可怕。

■ 老师告诉右边的男生轮到他上前面做报告了。

■ 告诉别人你很害怕，比发脾气、"罢工"强。

恰当的方式

男生告诉老师自己很紧张，老师想要帮助他。

我没意识到这个学生居然这么紧张。我得想想该怎么帮他。

包老师，我太紧张了。我不知道我能不能做到在全班同学面前讲话。

好，谢谢你告诉我。我们来商量一下怎么办。

不恰当的方式

男生拒绝完成任务，老师觉得他是故意作对，就是不想做作业。

这个学生是故意作对吧，就是不想做作业。

不，我不上去做。这个任务太没劲了。

你必须做，不做就得零分。

155

■ 问问可不可以先看别人做，等自己有信心再说。

恰当的方式

男生问可不可以先看别人做，老师同意了，老师明白这样对学生可能会有帮助。

不恰当的方式

男生站起来往外走，这可要有麻烦了。

■ 记住，第一次做事的时候有些害怕是很正常的，只要多试几次，就会觉得越来越容易。

男生看着别的学生先做，回想起来以前也有过这种情况，尽管刚开始很紧张，但是试一下就感觉好多了。

■ 尽量做，能做多少做多少。

老师让男生试试。

他上去试了，在其他同学面前讲话。

■ 他意识到其实也没什么可怕的。

怎样克服困难

- 尽量做。

- 如果需要帮忙,那就请人帮忙。

- 谈判也好,协商也好,都比"罢工"强。

- 如果觉得不舒服,可以请求休息一会儿。

- 休息好了再继续做。

老师给学生布置了一些任务。

161

■ 尽量做。

好像也没有我想得那么难。我会努力做的。

我肯定做不了。

恰当的方式

他努力去做。

不恰当的方式

他生气地把作业纸揉成一团。

■ 如果需要帮忙，那就请人帮忙。

恰当的方式

男生遇到困难了，于是向老师求助。

不恰当的方式

男生遇到困难了，开始发脾气。

■ 谈判也好，协商也好，都比"罢工"强。

恰当的方式

男生跟老师商量可不可以只做一部分。

不恰当的方式

男生遇到困难了，开始发脾气。

■ 如果觉得不舒服，可以请求休息一会儿。

男生请求休息一会儿。

他休息了五分钟。

■ 回来以后继续努力做。

休息结束后,男生回来接着做。

他这么努力,给老师留下了深刻印象。

做得很棒!

谢谢啦。

遭到拒绝怎么办，学会等待

- 你跟家长或者别人提出要求，有时候他们可能会拒绝你。

- 遭到拒绝的时候，说"好的"就行了，不要发脾气。

- 对方拒绝了你，如果你表示接受，他可能会很高兴，之后没准儿就能允许你做你想做的事情。

- 如果你发了脾气，不愿意等，可能就得不到你想要的。

■ 你跟别人提出要求，有时候他们可能会拒绝你。

男生想要看电视，妈妈说"不行"，得先做作业。

■ 遭到拒绝的时候，说"好的"就行了，不要发脾气。

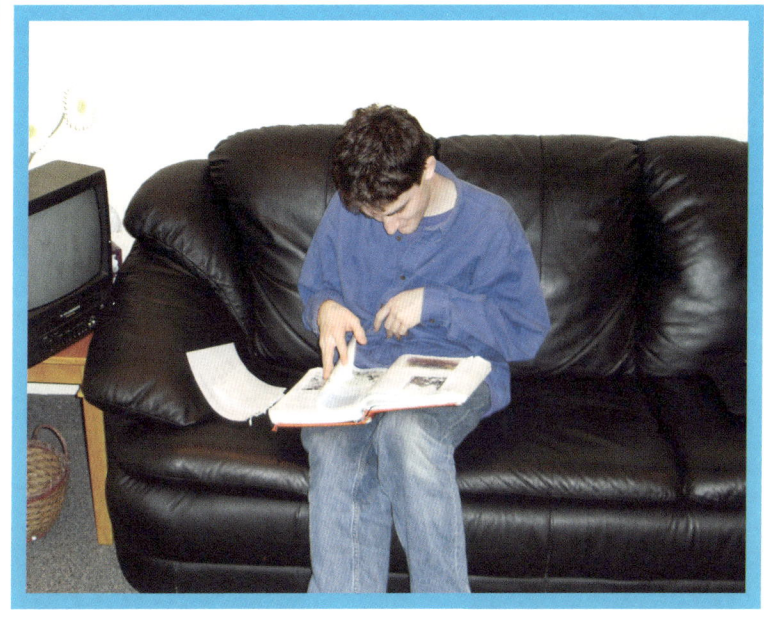

恰当的方式

男生说"好的"，没发脾气。他知道做完作业就能看电视。

恰当的方式

男生把作业做完了，就有时间看电视了。

■ 对方拒绝了你，如果你表示接受，他可能会很高兴，之后没准儿就能允许你做你想做的事情。

恰当的方式

男生做完作业了，现在就能看电视了。

■ 如果你发了脾气，不愿意等，可能就得不到你想要的。

不恰当的方式

男生开始和妈妈争吵。这样肯定得不到他想要的。

不恰当的方式

男生开始威胁妈妈。这样肯定得不到他想要的，而且可能很长时间都没办法看电视了。

■ 如果你发了脾气，不愿意等，可能就得不到你想要的。

不当行为的后果

儿子气冲冲地对妈妈说话，于是妈妈把插头拔了，把电视搬走了。

男生不愿意等做完作业再看电视，还跟妈妈大吵大闹，于是一整晚都没法看电视了。

失误犯错怎么办

- 告诉自己:"犯错没关系,人都是从错误中学习的。我错了就改,越早改正,就越早完成。"

- 如果需要帮忙,那就请人帮忙。

- 再试一次。

- 能够改正错误,就是值得自豪的事情。

- 告诉自己："犯错没关系，人都是从错误中学习的。我错了就改，越早改正，就越早完成。"

恰当的方式

女生知道犯错没关系，她想马上改正，这样就可以去吃午饭了。

不恰当的方式

女生很难接受自己的错误。心情不好，会耽误修改，吃午饭就更晚了。

■ 如果需要帮忙，那就请人帮忙。

恰当的方式

女生没有发脾气，而是请人帮忙。

不恰当的方式

女生没有请人帮忙，而是大发脾气。

■ 再试一次。

恰当的方式

女生努力又做了一遍。

不恰当的方式

我不做了!

女生气得不行,不想做了。

■ 能够改正错误，就是值得自豪的事情。

如何与人共事，学会和人协商

- 和别人一起工作，很重要的一点就是要和大家和谐相处，不能事事都顺着自己的心思。先要搞清楚别人想干什么。

- 告诉对方你想要干什么。

- 决定自己要干什么的时候，要注意尊重别人的想法。

  试图说服别人接受自己的想法时，注意措辞要正面："我觉得你的想法很好，但是我觉得这样更好，因为……"
  尽量协商一下，做些双方都愿意做的事情。

■ 老师对学生说他们需要完成小组项目。

所以我想让大家这样……

你们俩一个组，互相配合一下。

老师对学生讲了项目要求。

老师和其中两个学生说他们需要合作。

- 和别人一起工作，很重要的一点就是要和大家和谐相处，不能事事都顺着自己的心思。先要搞清楚别人想干什么。

恰当的方式

女生问男生想怎么做。

不恰当的方式

女生告诉男生应该怎么做。男生觉得女生有点咄咄逼人，不想跟她一组了。

■ 告诉对方你想要干什么。

恰当的方式

现在女生告诉男生她想怎么做。

不恰当的方式

女生不说自己想怎么做。她不说出自己的想法，这个小组项目就没法进行。

■ 决定自己要干什么的时候，要注意尊重别人的想法。试图说服别人接受自己的想法时，注意措辞要正面。

> 嗯，我明白他的意思了。

> 我觉得你的想法很好，不过我觉得我们应该这么做，因为这样的话，我们可能更容易按时完成任务。

> 你这什么馊主意。按我说的做。

> 我没法跟她合作。

> 哎，离我远点。

恰当的方式

男生对女生的想法表示尊重，同时也努力说服她试试另一种方法。

不恰当的方式

女生坚持自己的做法，还对男生很不尊重。他们没有好好合作，现在可能没法完成任务了。

■ 决定自己要干什么的时候，要注意尊重别人的想法。尽量协商一下，做些双方都愿意做的事情。

恰当的方式

女生建议双方各退一步，综合双方意见。结果皆大欢喜。

不恰当的方式

女生拒绝让步，这样就没法完成任务了。要想完成任务，双方都要做出让步。

■ 双方各让一步，就可以完成任务。

如何准备面试

- 面试的时候，穿着打扮要整洁、干练、得体，男生可以穿西服衬衫、西装长裤，女生可以穿裙子，不能穿牛仔裤，鞋子也要得体，不能穿运动鞋。

- 向面试官介绍自己的时候，要看着对方的眼睛，握手要坚定而有力。

- 要等面试官告诉你应该坐在哪里。

- 保持倾听的姿态（要有目光接触、体态应该端正、面向说话的人）。

- 回答问题的时候，记得突出自己的优点，夸奖一下招聘单位。不要对自己或者招聘单位做出负面评价。

- 等着面试官示意面试结束，之后对他们表示感谢，谢谢他们约你见面，最后握手。

- 回去以后，给他们写一封信，再次表示感谢，并且表达你想为他们工作的意愿。

■ 面试的时候，穿着打扮要整洁、干练、得体，男生可以穿西服衬衫、西装长裤，女生可以穿裙子，不能穿牛仔裤，鞋子也要得体，不能穿运动鞋。

恰当的方式

这个学生穿了西服衬衫和西装长裤，还系了领带。这样的话，面试官会觉得他很重视这份工作。

（气泡）看起来是个有责任心的年轻人。

不恰当的方式

这个学生穿了长裤，但是裤腿卷起来了，衬衫扣子也没扣好。这样的话，面试官就会觉得他根本不在乎这份工作。

（气泡）他都不花工夫好好收拾一下。我觉得他可能不怎么在乎工作做得好不好。

■ 向面试官介绍自己的时候，要看着对方的眼睛，握手要坚定而有力。

恰当的方式

这个学生微笑着看着面试官的眼睛，跟对方握了握手，做了自我介绍。

不恰当的方式

这个学生既不看面试官，也不跟人家握手，也不做自我介绍。这种情况下，面试官可能会觉得他不在乎这份工作。

■ 要等面试官告诉你应该坐在哪里。

恰当的方式

这个学生等着面试官告诉他应该坐在哪里。

不恰当的方式

还没等面试官告诉这个学生应该坐在哪里呢,他就坐到面试官的椅子上了。

■ 保持倾听的姿态（要有目光接触、体态应该端正、面向说话的人）。

恰当的方式

这个学生面向面试官坐好，体态端正（稍微前倾），这样就表示他很感兴趣。

不恰当的方式

这个学生没有面向面试官坐好。他在看地下，看上去对面试完全不感兴趣。

■ 回答问题的时候，记得突出自己的优点，夸奖一下招聘单位。不要对自己或者招聘单位做出负面评价。

恰当的方式

这个学生说了自己的优点，还夸奖了这家书店。

不恰当的方式

这个学生不但说了自己的缺点，还批评了这家书店。

■ 回答问题的时候，记得突出自己的优点，夸奖一下招聘单位。不要对自己或者招聘单位做出负面评价。

恰当的方式

这个学生没有什么带薪工作经验，所以他谈了自己的志愿者工作经历，跟书店工作还挺相关的。

不恰当的方式

这个学生很沮丧地回答说自己从来没工作过。他没提自己的志愿者工作经历，这其实是很有利的信息。

■ 回答问题的时候，记得突出自己的优点，夸奖一下招聘单位。不要对自己或者招聘单位做出负面评价。

恰当的方式

这个学生充分利用了这个机会，对自己大大褒奖了一番，当然，也没忘了夸奖一下这家书店。

不恰当的方式

这个学生一点儿好话都没说，还看向别处。他这种表现，让面试官觉得既然他对这份工作完全不感兴趣，为什么还要聘用他呢。

■ 回答问题的时候，记得突出自己的优点，夸奖一下招聘单位。不要对自己或者招聘单位做出负面评价。

恰当的方式

这个学生没有暴露自己的弱势。其实完美主义也是一个优势。他说他想要进一步提升自己服务顾客的能力，这么说的意思就表示他在这方面已经做得很棒了。

不恰当的方式

这个学生暴露了自己的弱势，这可能会让面试官打消聘用他的念头。

■ 等着面试官示意面试结束，之后对他们表示感谢，谢谢他们约你见面，最后握手。

恰当的方式

这个学生等着面试官站起来伸出手，他跟面试官握了握手，感谢她给自己面试机会。

不恰当的方式

还没等面试官站起来呢，这个学生就站起来往外走，连声"谢谢"都没说。

■ 回去以后，给他们写一封信，再次表示感谢，并且表达你想为他们工作的意愿。

尊敬的约翰森太太：

　　非常感谢您能给我这个面试机会，您的书店非常出色，能在那里跟您谈论工作，我感觉不胜荣幸。我对这份工作非常感兴趣，希望能早日收到您的回复。我的电话号码是（973）555-1212。

　　此致
敬礼！

保罗·米勒

译后记

这套书是美国加州大学欧文分校教授、儿童心理学专家克瑞斯蒂·霍姆（Christy Hom）推荐给我的。2013年，她和同事盖尔·费尔南德斯（Gail Fernandez）来中国讲学，我是当时的随堂翻译。从那以后，我陆陆续续做了很多孤独症领域的翻译工作，渐渐发现国内给孤独症孩子的家长和老师看的书有不少，给孩子们自己看的书却不多，我问克瑞斯蒂国外有没有这样的书，她就推荐了这套书给我。

刚刚打开书就觉得眼前一亮——几乎所有讲孤独症干预的书都会强调社交技能很重要、视觉支持很有效，但是真的通过视觉支持教授社交技能并把这些过程用照片的形式详细描述出来，做成一个系列的图书，我还是第一次见。回忆起孩子小时候，我也用过画图的方式教过她什么是轮流，为什么不是每次在课堂上举手都能得到老师的提问，但苦于自己画技拙劣，每每都是灵魂画风，让人不得要领，要是那个时候就有这套书，我就不用那么苦恼了。

看完这套书以后，就一直在想国内什么时候能出这样的书呢？所以，当华夏出版社找到我的时候，我心里那份惊喜真是难以形容，觉得这一定是冥冥之中注定的缘分。这本书的理论部分是我翻译的，图画部分对应的文字是我的女儿桃桃翻译的。她的语言虽然稍显稚嫩，但殊为难得的是这是以一个小朋友的视角描述的，她还贴心地把书中一些游戏换成了中国小朋友熟悉的游戏，比如，将"Odd finger is It"换成了"手心手背"，将"Tic Tac Toe"换成了"四子棋"。我们还为"freeze tag"到底是翻译成我小时候玩的"冰棍木头人"还是他们这一代玩的"三个字"讨论了好久，最后决定各让一步，翻译成老少咸宜、南北通用的"追人游戏"。虽然她还不懂"本土化"的概念，但是她知道自己的翻译要让小朋友们容易懂。我问她想跟看这本书的小朋友说点什么，她说："希望他们觉得这本书有帮助。"我想，在这一点上，译者和孤独症孩子的家长、老师的思路应该是相通的，那就是站在对方的角度、照顾对方的感受，才能真正地架起沟通的桥梁，真正对他们有所帮助。

前面说过，这本书是使用照片的形式通过视觉支持教授社交技能，这句话说起来很容易，但是工作量之大难以想象。我在翻译过程中常常想，五六百张的照片，一张张拍下来，一帧帧排列好，若非有极大的热情，真的很难完成。这份热情，应该就是源于帮助这些小朋友的心吧。

希望这样的作者越来越多，也希望华夏出版社引进的好书越来越多。

陈烽

2021年9月3日　大连